평교사 장석웅이 만난 사람+교육 이야기

끝나지 않은

마지막 수업

평교사 장석웅이 만난 사람+교육 이야기

끝나지 않은
마지막 수업

초판 1쇄 인쇄 2018년 3월 1일
초판 1쇄 발행 2018년 3월 11일

지은이 장석웅
펴낸이 김승희
펴낸곳 도서출판 살림터

기획 정광일
편집 조현주
북디자인 꼬리별

인쇄·제본 (주)현문
종이 월드페이퍼(주)

주소 서울시 양천구 목동동로 293, 22층 2215-1호
전화 02-3141-6553
팩스 02-3141-6555
출판등록 2008년 3월 18일 제313-1990-12호
이메일 gwang80@hanmail.net
블로그 http://blog.naver.com/dkffk1020

ISBN 979-11-5930-059-2 03370

평교사 장석웅이 만난 사람+교육 이야기

끝나지 않은 마지막 수업

살림터

  김동인의 소설 「무지개」가 있습니다. 초등학교 교과서에서 처음 읽은 기억이 납니다. 잘 아시다시피 무지개를 찾아 나선 소년 이야기입니다.

  빨주노초파남보 아름다운 무지개를 뜰 안에 갖다 놓기 위해 소년은 무지개를 찾아 나섭니다. 어머니는 만류합니다. "무지개는 멀리 하늘 끝닿는 데 있어서 도저히 잡지 못한다고. 이 어미도 오십 년 동안을 잡으려 했으면서도 그것을 못 잡았구나." 하면서 말이지요.
  그러나 소년은 떠나고 온갖 간난신고를 겪으면서도 뜻을 이루지 못합니다. 결국 무지개 잡기를 단념하고 돌아선 순간 여태까지 검던 머리는 갑자기 하얗게 되고, 그의 얼굴에는 전면에 수없이 주름살이 잡혔다는 이야기입니다.

  제가 지금까지 걸어온 길은 대부분 전교조 선생님들이 그랬듯이 무지개를 좇아 걸어온 길이 아닌가 하는 생각이 듭니다. 무지개의 일곱 가지 빛깔이 아름다운 조화를 이루듯이 각자 존중받고 함께 어울려 사는 아름다운 세상을 만들기 위해서, 참교육이 넘쳐나는 교육 현장을 이루기 위해서 말입니다.

이 책은 함께 무지개를 찾아 나선 제가 존경하고 사랑하고 본받고 싶은 사람들의 이야기입니다. 제 삶의 고비마다 중요한 순간에 저와 함께 무지개를 찾기 위해 분투노력한 분들의 이야기입니다. 유명한 분들도 있지만 대부분 평범한 사람들의 이야기입니다. 그중 몇 분은 이미 고인이 되었습니다. 이 지면을 빌려 삼가 명복을 빕니다.

마지막 학교인 영암 미암중학교에서의 생활은 참으로 행복했습니다. 퇴직 이후의 삶에 가슴 부풀어 있었습니다. 아름답고 예쁜 학교, 천사 같은 아이들… 조그마한 관사에 살면서 텃밭을 가꾸고, 아침이면 일찍 일어나 미암 황톳길을 산책하였습니다. 일주일에 한두 번 영암읍을 오가는 것 외에는 시간이 넘쳐났습니다. 미루었던 책도 읽고 서툴지만 기타 연습도 했습니다.

광주에 사는 아내는 문화센터에 가서 아코디언을 배웠습니다. 학창 시절 피아노를 쳤기 때문에 쉽게 배우는 것 같았습니다. 퇴직하면 나는 기타를 치며 노래하고 아내는 아코디언을 연주하면서 길거리에서 어려운 사람들을 위한 모금도 하고, 사회복지시설을 돌아다니며 봉사도 할 생각을 했습니다. 생각만 해도 좋았습니다.

빚을 갚아야겠다는 생각을 했습니다. 전교조 위원장까지 하는 동안 많은 빚을 졌습니다. 가족들에게는 물론이고 주변의 많은 동지들께 많은 빚을 지고 신세를 졌습니다. 봉사활동도 하고 시민사회 자원봉사도 열심히 하겠다고 생각했습니다.

이러한 평화도 다짐도, 퇴직 1년이 채 남지 않은 2016년 10월경 깨지고 말았습니다. 박근혜 국정농단사태로 영암촛불 상임대표를 맡아서 촛불을 들었고, 전남촛불공동대표도 겸했습니다. 금요일이면 영암읍과 삼호읍에서 번갈아가며 촛불을 들었고, 주말이면 전남지역이나 광주 금남로에서 촛불을 들었습니다. 광화문에도 대여섯 차례 올라갔습니다. 박근혜가 탄핵되고 문재인 대통령이 당선되고 나서 새 시대가 올 것을 직감하고 앞으로 무엇을 해야 할지 고민했습니다.

촛불혁명으로 새로운 시대가 시작되면서 새로운 변화가 시작될 거라고, 새로운 변화를 요구할 거라고 생각했습니다. 교육계도 마찬가지라고 생각했습니다. 방향성 없는 실리주의로 혁신교육정책은 퇴보하고 전남교육 적폐 청산의 요구는 날로 높아가는 현실을 직시했습니다.

2017년 8월 26일, 목포신항에 인양되어 있는 세월호 선체 앞에서 마지막 수업을 하면서 아이들에게 말했습니다. "이제 이별이지만 너희들의 생명과 미래를 지키고 꿈과 희망을 만드는 일에 앞으로도 함께할 것이다. 그 길에서 다시 만날 것이다."

저의 마지막 수업은 끝나지 않았습니다.

한 아이도 포기하지 않는 교육, 아이들의 잠재력을 최대한 발현시키는 교육, 모두에게 공정하며 차별하거나 차별받지 않는 교육, 우리 아이들의 미래를 책임지는 교육을 위한 저의 발걸음은 쉬지 않고 계속될 것입니다.

무지개를 잡기 위한 저와 우리의 발걸음도 그치지 않을 것입니다. 무지개 잡기를 포기한 순간 '검던 머리는 갑자기 하얗게 되고, 얼굴에 수없이 주름살이 잡힌 소년'이 되는 것처럼 우리 교육에 대한 희망도, 사회의 민주주의와 진보를 향한 동력도 상실될 수밖에 없기 때문에 그렇습니다.

　그리스 신화의 시시포스처럼 힘들고 어려워도 함께 가는 우리의 발길은 멈출 수 없을 것입니다.

> 무지개 너머 어딘가 하늘은 푸르고
> 당신이 꿈꾸는 어떤 것들이 감히 이루어지는 곳
> 그곳을 향해서
> _「오버 더 레인보우」 중

2018년 새봄을 맞으며

장석웅

다시 민주교육의 넓은 터에서

오종렬_5·18 민족통일학교 이사장

1987년 6월 항쟁이 새로운 국면으로 들어선 어느 날, 최루탄에 직격당해 중상을 입고 입원 중이던 큰아들을 1차 퇴원시키고 오던 길이었다. 금남로 들머리에서 장석웅을 포함한 민족민주 참교육 교사들을 만났다. 나이는 나보다 20년 가까이 적지만 의식은 1세기나 앞서 보이는 일단의 전사들이 YMCA 백제실을 가득 메운 채 교육민주화 관련 열띤 토론을 하고 있었다.

"아! 우리에게도 이런 젊은 교사들이 있었구나!" 나는 감동과 기쁨에 흥겨웠다. 그러나 마음 깊은 데서 올라오는 소리는 "보배로운 이 젊은이들은 또 당하고 말 것이다. 어떻게든 저들을 보호해야 한다!"였다.

왜 그렇게 재수 없는 생각을 했을까? 나는 노태우의 6·29선언을 TV 화면에서 본 순간 "아뿔사! 저들의 속임수에 우리는 또 당하고 마는구나!"라며 책상을 친 적이 있기 때문이다. 이후 이어지는 교육민주화 관련 토론회마다 빠짐없이 찾아가 뒷자리를 지켰다.

사실 토론은 뒷전이고 나만이라도 그렇게 있어주어야 귀한 저들이 다치지 않을 것 같은, 턱도 없는 착각인지 보호본능인지 그런 것들이 나를 지배했기 때문이다.

장석웅과 나는 개인 아닌 집단적 차원에서 만나 30년 넘게 지내왔는데, 내 눈에 그는 늘 앞장서 큰소리 내지 않고 후배들 앞에 군림하지 않고 늘 여럿이 발 맞춰 전진하는 모습이었다.

전교협-전교조-민주주의민족통일전국연합-다시 전교조로 걸음을 이어오는 동안 그는 늘 할 일 하면서도 누구와 충돌이나 파열음을 내는 것을 본 기억이 없다. 사람들을 찾거나 불러 모아 의견을 듣고 설득하고 때론 양보하면서도 전반적 원칙과 전진기조만은 보장해왔다.

나는 민주주의민족통일 광주전남연합 의장으로, 장석웅은 사무처장으로 복무하던 시절이 생각나곤 한다.

1992년 대통령 선거에서 3당야합 민자당은 정보기관과 언론 및 어용 단체를 총동원하여 민주당과 전국연합에게 종북 몰이를 조작 날조했다. 이로 인해 참패당할 무렵 전후인지라 긴장과 의견 충돌이 많을 때였는데도 광주전남연합 일꾼들은 많이 웃고 많이 놀면서도 많은 일들을 해냈다. 장석웅 처장이 주재하는 실국장회의 분위기는 오락회 비슷했다. 이제 중년이 된 그때의 청춘남녀들이 어쩌다 만나면 그날을 회상하며 애들처럼 웃곤 한다.

각설하고, 교육의 주체는 학생, 교사, 학부모요 교육민주화는 사회민주화의 단초이자 성과라는 우리의 신조는 한결같지 않은가?

교사는 참교육 노동자요 민족·민주·인간화 참교육은 교단을 물러난 장석웅의 새로운 인생에서도 흔들림 없이 진행되리라 믿는다. 날로 진보하는 민주교육의 넓은 터에서 혼자 튀지 않고 외장치지 않고 여럿이 함께 행렬을 조율하며 끊임없이 전진하는 장석웅의 발걸음을 보고 또 보며 손뼉 치고 싶다.

모두가 따라 걷고 싶은 '동행의 길'

장휘국_광주광역시교육감

사람과 사람 사이에 흐르는 온기가 세상을 바꿉니다. 장석웅 선생님의 책, 『끝나지 않은 마지막 수업』을 읽으며 사람이 희망이라는 것을 새삼 다시 느꼈습니다. 뒤틀린 시대를 가슴으로 아파하며 자신의 안위보다 세상의 정의와 참교육을 돌본 선생님의 삶은 모두가 따라 걷고 싶은 '동행의 길'입니다.

혼자 가면 빨리 가고, 함께 가면 멀리 갑니다. 길이 아득히 멀 때 걸음을 내딛는 사람의 몸은 저절로 굳어집니다. 함께 걷는 사람은 그래서 용기이고 나눔이며 관계입니다.

엄혹한 시대의 길목에서 만난 우리는 서로 어깨 겯고 희망을 향해 걸었습니다. 선생님의 책 『끝나지 않은 마지막 수업』의 수많은 사람들은 우리 현대사를 관통하는 삶의 궤적으로 자주·민주·평화·통일의 꿈을 향해 나아갔습니다. 윤상원, 박기순, 김영철, 박관현, 강신석, 윤광장, 오창훈, 오종렬, 윤영규…, 이름을 호명하는 것만으로도 가슴

뭉클하고 눈물겹습니다.

장석웅 선생님의 삶은 교사운동의 영역에서 방향과 원칙을 제시합니다. 전남대 시절부터 민주화운동에 투신했고, 교사가 되어서는 YMCA중등교사협의회를 조직해 교육민주화운동의 꽃을 피워냈습니다. 학생을 교육의 중심에 놓는 참교육을 위해 그 어떤 희생도 외롭게 감내한 장석웅 선생님의 꿋꿋한 신념은 우리 교육민주화운동의 역사, 그 자체입니다.

내가 장석웅 선생님을 만난 것도 교육운동의 길 위였습니다. 1987년 YMCA에서 있었던 토론회에서 처음 만났고, 많은 생각을 나눴습니다. 그 후 교사협의회, 전교협, 전교조를 창립하는 과정에서 거쳐야만 했던 무수한 고난의 길을 함께 걸었습니다. 해직의 아픔도 같이 겪었고, 노조에 상근하면서 교육민주화와 참교육을 위해 헌신했습니다. 비록 광주와 전남으로 교육운동의 터전은 달랐지만 그 활동의

원형질은 같아서, 언제 어디서나 마음을 나누는 동지였습니다.

책의 말미에 담긴 우리 교육에 대한 지향은 참으로 적확합니다. 우리 교육의 현실과 한계를 정확히 진단하고 있으며, 미래교육의 방향을 통 크고 장기적인 안목으로 제시해주셨습니다. 한 아이도 포기하지 않는 교육은 사실 멀리 있지 않습니다. 교육을 받는 과정에서 학생 간의 차이를 인정하고, 여기에 적합한 교육을 제공하는 '교육과정의 평등성'은 오랜 교직생활에서 얻은 신념으로 읽힙니다.

특히 4차 산업혁명으로 열리게 될 새로운 노동과 직업세계를 대비하는 교육, 협력적 경제공동체 사회에 적합한 소통과 협력의 소양을 기르는 교육, 분권과 협치를 통해 학교민주주의를 키우는 교육은 실사구시實事求是의 결정판입니다.

장석웅 선생님은 전교조 본부 사무처장과 전국위원장을 지냈습니다. 그는 안으로 겸양의 문장을 새기고, 밖으로 넓게 소통하는 참된 교육자입니다. 장석웅 선생님의 삶이 오롯하게 담긴 『끝나지 않은 마지막 수업』의 출간을 진심으로 축하하며, 무엇보다 선생님이 지향하는 아름다운 소망이 현실이 될 수 있기를 간절히 기원합니다.

추천의 글

소걸음
한평생, 교육혁신으로 완성하길

박병섭_순천여고 교사

최근 화제가 된 영화 〈1987〉에서 "그런다고 세상이 바뀌나요"라는 말이 사람들에게 깊은 울림을 주었습니다. 한국 사회의 어느 곳, 어느 분야에서나 한 발짝이라도 나아가려던 사람들은 가족과 친지, 친구, 직장 상사로부터 너무 많이 들은 말입니다. 그래도 이들에게 들었을 때는 따스한 정이라도 있었습니다. 하지만 연행되어 끌려가 경찰로부터 들었을 때 느끼는 모멸감과 좌절은 얼마나 컸는지 모릅니다. 지겹도록 이런 말을 들었으면서도 더 나은 세상을 위해 한눈팔지 않고 오늘에 이르신 분이 장석웅 선배님입니다.

1970년대 유신 치하 엄혹했던 시절, 군복무를 마치고 복학하여 한참 후배인 저와 비슷하거나 같은 길을 걸으신 선배님과 함께하는 행운을 얻었습니다. 취향이 다르고, 활동 방식에 차이가 있어 많은 부분 함께하지는 못했지만 먼발치에서라도 지켜볼 수 있었습니다. 5·18민중항쟁 이후 교사들은 침묵을 깨고 우리의 교육 현실을 바로잡고자 교원단체를 만들었습니다. 한국YMCA중등교육자협의회를 시작으로 전국교사협의회, 전국교직원노동조합으로 발전하는 동안 장 선배님은 그 중심에 계셨고, 저는 한 톨의 밀알처럼 바닥을 지켰습니다.

장 선배님이나 저는 이를테면 '전교조 1세대'입니다. 저희가 교육민주화운동에 나선 것은 잘못된 교육에 대한 부끄러움 때문이었습니다. 남들이 가지 않은 길을 개척하면서 흔들리지 않고 여기에 이른 것은 확고한 신념이 뒷받침되지 않으면 불가능할 것입니다. 그 고뇌와 분투의 자취야말로 참교육 초심을 지켜온 전교조의 살아 있는 역사가 아닐 수 없습니다.

사실 머리 맞대며 지낼 때는 장 선배님의 역량을 잘 몰랐습니다. 선배님은 자기 자랑에 서투르며, 말을 뛰어나게 잘하는 편도 아니었습니다. 하지만 치열하게 고민했던 것을 논리적으로 풀어가는 모습을 보면서 대단한 능력을 지닌 분임을 알게 되었습니다. 전교조 위원장으로 출마하여 당선되고, 전국교사대회에서 수만 명 앞에서 설득력 있게 말씀하시는 것을 보고 놀랐습니다. 선배님이 위원장으로 있던 2011~2012년은 이명박 정권 후반부로, 전교조 탄압이 극에 치달은 시기였습니다. 이 어려운 상황을 지방선거에서 당선된 진보 교육감과 연대하여 전교조를 지켜냈습니다. 위원장으로 재임하는 동안 혁신교육에 깊이 공감하며, 교육의 희망을 찾기 위해 정책 대안을 마련하려고 노력하는 모습은 많은 사람들에게 귀감이 되었습니다. 일선 교사들의 고뇌 어린 정책 대안들이 이명박 정부의 폭압으로 실현되지 못하고, 조직의 보존에 온 역량을 쏟을 수밖에 없었던 것은 아쉬운 일입니다.

소 같은 걸음으로 여기까지 오기에는 신앙의 힘도 클 것입니다. 전교조 1세대 지도부 중 이 지역 출신 가운데 개신교 신자들이 여럿입니다. 윤영규, 정해숙, 고진형 선생님이 그렇습니다. 교회가 문을 열고 민주화를 위해 노력하는 사람들을 품어주던 시절, 부르던 노래가 있습니다. '새 시대는 새 의무를 우리에게 주나니.' 가사가 지금도 기억

납니다.

장 선배님의 최대 강점은 끊임없이 자신을 변화시켜온 점입니다. 선배님은 정년을 앞두고 세월호가 인양되어 있는 목포에 가서 봉사 활동을 했습니다. 후배들의 교육 모임에도 기꺼이 참여해왔습니다. 따로 묻지는 않았지만 시대 변화에 적극 부응하며 새로운 과제를 찾으려는 열정에서 그리했으리라 봅니다.

우리 교육과 사회는 한편으로는 많이 변화했지만, 다른 요인들로 인해 절망이 깊어지고 있습니다. 애써 노력해온 것들이 토대부터 무너져가는 현실에 기가 막히기도 합니다. 하지만 새로운 세상을 향한 소중한 꿈 한 톨 간직하면서 소 같은 사람들끼리 함께한다면 그 토대를 다지며 다시 일으켜 세울 수 있으리라 생각합니다.

"희망을 주고 싶었다"라고 한 테니스 선수 정현처럼, 이 책이 교사의 교육 열정을 신뢰하는 분위기를 만들고, 교육혁신 방법에 대한 사회적 논의의 수준을 높이는 마중물이 되면 좋겠습니다.

차례

1

요
람
기

어머니

　부모님은 평범한 전라도 사람이다. 아버지는 광주 봉선동에서 태어나 자랐고 어머니는 나주 남평 동사리 출신이다. 아버지가 자란 봉선동은 지금은 광주의 강남이라고 할 만큼 살기 좋은 주택가가 되었지만 예전에는 논밭과 야산으로 둘러싸인 시골이었다. 아버지는 소학교도 제대로 다니지 못할 정도로 궁벽한 살림의 농민 출신이다.

　어머니는 나주 남평의 시골에서 부자는 아니지만 어려운 형편도 아닌 집안에서 태어났다. 외할아버지는 정미소에서 찧은 쌀을 시골 마을을 돌아다니며 팔아 생계를 꾸리는 장사꾼이었지만 선대가 양반 출신이라는 긍지가 있었다. 어머니는 2남 2녀의 장녀로, 당시로는 드물게 소학교를 다녔다. 소학교 졸업 후 일본인이 운영하는 양잠강습소를 다니며 양잠기술을 배웠다. 양잠강습소에서 누에를 키울 때 고된 일로 고생이 심했다. 양잠기술을 가르친다는 명분으로 강습생들의 노동력을 착취한 것이다. 그래도 어머니는 동료들과 합숙하면서 사춘기 소녀의 감성을 느낄 수 있었다. 양잠강습소 2학년 때 해방이 되었다.

그렇게 처녀 시절을 보내던 어머니는 친척의 주선으로 광주에 사는 총각과 선을 보게 되었다. 어머니는 그 총각이 자기 집이 있는 나주 남평으로 와서 선을 보면 좋겠다고 친척에게 전했다. 그런데 총각이 남평에 오지 못하겠다고 했다. 그가 약점이 있는 게 아닌가 생각했는데, 나중에 선을 보면서 알고 보니 총각은 귓병을 앓고 있어 소리를 잘 듣지 못했다.

어머니와 선을 본 총각은 광주 봉선동에 살면서 금동시장에서 건어물 장사를 하고 있었다. 그분이 나의 아버지(장봉규)다. 외할아버지는 장녀인 어머니가 혼기를 놓칠까 두려워 서둘러 결혼시켰다. 어머니와 아버지는 결혼했지만 살림집을 얻지 않고 봉선동 신랑 본가에서 살았다. 그런데 석 달쯤 되었을 때 친정어머니, 즉 나의 외할머니가 돌아가시고 말았다. 어머니 친정집은 농사와 누에 키우는 일이 아직 많이 남아 있었고 동생들이 어려 일손이 필요했다. 장녀인 어머니는 시댁 어른들께 일 년 동안 친정에 가서 집안 살림을 돌보겠다는 허락을 받아 친정집에 돌아갔다.

결혼을 했지만 어머니는 남편에게 호감이 가지 않았다. 소학교도 변변히 다니지 못한 데다 중이염까지 앓고 있는 가난한 시골 총각이 맘에 들 리 없었다. 게다가 결혼해서 신혼집도 없이 시댁에 얹혀살다가 석 달 만에 친정집에 와버렸으니 남편 얼굴도 잊어먹을 판이었다. 친정집에서 일 년 동안 동생들 챙기며 살림을 하고 나니 시댁으로 돌아가고 싶지 않았다.

그런데 약속한 일 년이 지나자 남편이 갑자기 어머니 집에 와서 광주의 집에 돌아가자고 졸라댔다. 친정아버지도 여자는 출가외인이니 시집을 간 이상 그 집에서 뼈를 묻어야 한다고 했다. 그리고 앞으로는 시댁에 가서 다시는 친정에 오지 말라고 했다. 어머니는 할 수 없이 쌀 한 가마니와 명주 한 필을 가지고 남편을 따라 시댁에 돌아왔다. 광주 시댁에서는 어머니를 위해 시내에서 가까운 방림동에 따로 방을 한 칸 구해놓고 살림살이까지 마련해주었다. 어머니가 친정에 가지 못하도록 신혼 방을 마련해둔 것이다.

비로소 어머니와 아버지의 신혼살림이 시작되었다. 그곳에서 어머니는 첫째 아이를 낳았는데 그 아이는 병으로 두 달 만에 죽고 말았다. 그 아이가 내 위의 누나였다. 그 이듬해인 1955년 음력 2월 29일, 광주 방림동 주택가 한옥의 작은 방에서 내가 태어났다. 나는 유독 머리가 크고 몸무게가 4킬로그램이나 되어 어머니가 고생하셨다고 한다. 두 분이 함께 살면서 어머니가 아버지께 음식을 잘 챙겨드리자 귀의 염증이 많이 호전되었다.

1960년대 광주 시가지는 금남로와 충장로를 뼈대로 북쪽으로는 계림동과 산수동, 동쪽으로는 지산동과 학동, 남쪽으로는 금동, 사동, 양림동, 백운동, 서쪽으로는 유동, 임동에 불과했다. 당시 광주 인구는 30만여 명으로 전남에서 제일 많았다. 그 후 인구가 폭발적으로 증가하여 10년 만인 1970년대에는 그 두 배가 넘는 70만 명이 되었다.

도시 인구가 갑자기 늘어난 것은 근대화가 되면서 출생 인구는 많고 사망률은 낮아진 데다 저곡가와 저임금에 기초한 정부의 산업화 정책으로 농업이 피폐해지면서 농민들이 살길을 찾아 밤 봇짐을 싸서 도시로 이주한 결과였다. 날만 새면 도시 인구가 늘어났고, 전남 지역 농민들이 광주로 몰려들었다. 1970년대 광주는 인근 농촌에서 많은 사람들이 찾아들었는데, 그들은 새로운 직장과 일거리를 구하여 삶을 영위하기 위해 열심히 살아갔다. 시민들의 생활은 넉넉하지 않았지만 도시는 활기가 넘쳤다.

아버지는 금동시장에서 점포 한 칸을 얻어 건어물 장사를 했다. 장사가 시원치 않자 놋그릇 닦는 기계를 수레에 싣고 주택가를 옮겨 다니며 그릇 닦는 일을 했다. 당시 길이 제대로 닦이지 않아 수레가 고랑에 빠져서 고생한 적이 많았다. 나중에는 가게에 기계를 두고 찾아오는 손님에게 그릇을 닦아줬다. 손님들이 그릇 닦은 삯을 깎아달라고 사정하면 어머니는 깎아주려고 하고 아버지는 안 깎아주려고 해서 서로 다투기도 했다. 어머니는 인정이 많고 아버지는 장사 원칙을 지키려는 것이었다.

나중에는 두부장사도 했다. 아침에 두부 1천 모를 받아와서 시내 식당을 돌아다니며 팔았다. 여름이 되어 두부가 팔리지 않으면 어머니가 남은 두부를 뜨거운 물에 삶아 시장에서 주변 상인이나 손님들에게 공짜로 나눠주기도 했다. 그러다가 돈을 벌 기회가 찾아왔다. 당시 황금동에 있는 경찰학교에 쌀, 부식 등 식자재를 납품하게 되었다. 그때 고정적으로 물건을 많이 팔아 한동안 돈 버는 재미가 쏠쏠했다. 그때 번 돈으로 양림동에 있는 방 두 칸짜리 초가집을 한 채 샀다. 그런데 갑자기 경찰학교가 상무대로 옮겨 가고 말았다. 당시에는 물건을 수레에 싣고 다녔는데 상무대까지 가서 납품하기에는 너무 멀어 중단할 수밖에 없었다.

1961년, 나는 일곱 살이 되어 서석초등학교에 입학했다. 주소지가 방림동이어서 가까운 학강초등학교에 가야 했지만 어머니는 나를 학군이 다른 서석초등학교에 입학시켰다. 당시 시내에 있는 서석초등학교와 중앙초등학교는 세워진 지 오래된 데다 규모도 커서 모든 부모가 자녀들을 보내고 싶어 했다. 그러나 서석초등학교에 다닌 지 일 년도 못 되어 학강초등학교로 쫓겨나고 말았다. 각 학교 선생님들이 아이들의 주소를 파악하여 학군 소속 학교로 보낸 것이다. 결국 학강초등학교에서 졸업했다.

집안 살림이 넉넉하지 못했지만 나는 건강하고 씩씩하게 자랐다. 친구들과 어울려 광주천에서 멱 감고, 사직공원에 올라가 뛰어놀고, 겨울에는 KBS 방송국 옆 숲의 대나무를 꺾어서 썰매를 만들어 언덕 밑까지 미끄럼을 타면서 놀았다.

1966년, 초등학교 6학년 때는 수업이 끝나면 담임선생님 댁에서 서너 명의 아이들과 과외공부를 했다. 형편이 어려웠지만 교육열이 높았던 어머니가 나서서 주선한 것이다. 나도 공부를 열심히 해서 성적이 상위권에 속했다. 6학년을 마치자 중학교를 선택해야 했다. 당시 광주서중과 광주동중이 명문 학교로 인기가 높았다. 그중 첫째로 인기가 좋은 광주서중은 480명, 두 번째인 광주동중은 240명을 뽑았다. 광주서중과 제일고등학교, 광주동중과 광주고등학교는 담장 하나에 같은 운동장을 쓰는 동일계열 학교였다. 동일계열 학교는 중학교를 졸업하면 입학시험을 치르지 않고 고등학교에 진학할 수 있었다.

부모님은 내가 고등학교를 졸업하면 학비 부담이 없는 육군사관학교에 가기를 원했다. 당시 광주고등학교 학생들이 육군사관학교에 많이 들어갔다. 부모님이 내게 광주고등학교 동일계열인 광주동중학교에 입학원서를 제출하도록 했다. 경쟁률이 12:1로 높았다.

어릴 때 철이 없었는지, 나는 중학교 입학 체력장 시험 치를 때 만화책을 보다가 시간을 놓쳐서 시험장에 입실하지 못했다. 훌쩍훌쩍 울고 있는데 어떤 아저씨가 왜 우느냐고 묻더니 고사장에 데려다주어 간신히 들어갔다. 동중학교 입학시험을 치르고 학교 담에 게시되어 있는 합격자 명단을 보러 가는데, 이미 확인하고 돌아오던 친구가 "너, 합격했더라!"라고 했다.

당시 내 수험번호가 2297번이었다. 도착해서 합격자 명단을 아무리 찾아봐도 내 번호가 보이지 않았다. 혹시 떨어진 게 아닌지 조바심이 나면서 맥이 풀리고 가슴이 답답해져왔다. 다시 꼼꼼히 살펴보니 내 번호와 이름이 20여 명의 명단과 함께 맨 앞에 따로 적혀 있었다. 1등부터 20등까지 장학금을 받는 신입생 명단이었다.

떡집 아들

중학교 때 부모님은 금동시장에서 식료품 가게를 운영했는데, 장사가 시원치 않았다. 부모님은 내색은 하지 않았지만, 한참 커가는 네명의 아들 생활비에 학비까지 마련해야 하여 걱정이 많았다. 마침 옆가게 할머니가 오랫동안 운영해왔던 떡집을 내놓았다. 육군사관학교를 졸업하고 장교가 된 할머니 아들이 군대생활을 마치고 큰 기업체에 들어가면서 할머니를 모셔간다는 것이었다. 할머니가 어머니에게 그래도 먹는장사가 남는 것이니 떡집을 해보라고 권했다. 식료품가게 운영이 어려웠던 터라 부모님께서는 할머니의 떡집을 인수해서 장사를 시작했다.

그즈음 우리 식구는 양림동으로 이사했다. 당시 광주천 옆에서 시작하여 양림산까지 길게 이어지는 양림동은 꼬불꼬불한 골목에 초가집과 판잣집이 얼기설기 뭉쳐 있는 동네였다. 넓은 터에 고급 기와집인 최승효 가옥이나 이장우 가옥 같은 부잣집이 마을 안쪽에 몇채 있지만 대부분 가난한 서민들이 사는 곳이었다. 그 위쪽으로는 제

어머니와 함께(2006년)

중병원(기독병원)과 수피아학교, 선교사 사택 등이 있었다.

새로 이사한 집은 셋방살이를 벗어나서 우리 가족이 처음으로 가진 어엿한 집이지만 대지가 20평도 되지 않는 방 2칸의 초라한 초가집이었다. 그 집은 부모님과 네 명의 아들이 살면서 시장에 내다 팔 떡을 만드는 공간이기도 했다. 주된 상품은 인절미였고, 여름에는 팥이 든 반달떡, 추석에는 송편, 계피떡도 만들어 팔았다. 그 외에도 밀가루를 쑤어서 팥죽과 동지죽을 만들어 팔았다.

떡 만드는 일은 손이 무척 많이 갔다. 큰아들인 나와 바로 아래 동생이 부모님을 도와드려야 했다. 새벽이면 나와 동생은 일찍 일어나 큰 절구통에 찹쌀을 찐 고두밥을 넣고 떡메를 내리쳐서 떡 반죽을 만들었다. 우리 형제가 만든 떡 반죽을 어머니가 평평한 판에 콩가루를 묻혀 잘랐다. 그렇게 인절미를 만들었다. 저녁에 우리 형제들은 학강초등학교 너머 방앗간에 떡쌀을 찧으러 갔다. 우리는 떡쌀을 빻은 가루로 동지죽에 넣을 새알을 만들었다. 또 팥죽을 쑤기 위해 팥을 일일이 절구통에 갈았다.

인절미를 만들려고 둔 고두밥을 우리 4형제가 조금씩 떼어 먹어 고두밥이 얼마 남지 않은 적도 있었다. 근처에 살던 삼촌이 염치불구하고 가족들까지 모두 데리고 와서 고두밥을 먹기도 했다. 나는 팥을 갈 때면 라디오에서 흘러나오는 음악을 들으면서 노래 부르고 춤을 추었다. 날마다 떡메로 떡을 치고 팥을 갈다 보니 팔 힘이 장사처럼 세졌다. 그래서 고등학교 때 체력장 시험에서 던지기는 우리 반에서 나를 당할 사람이 없었다. 어려서 막 지은 고두밥을 많이 먹어선지 위장이 튼튼해서 배탈 난 적도 없었다. 그렇게 떡집 아들, 팥죽장

수 아들로 중학교 시절을 보낸 와중에도 공부는 그럭저럭 따라간 편이었다.

광주동중과 광주고는 뒤로는 계림동산, 앞으로는 태봉산과 경양방죽이 있는 아늑한 곳에 자리 잡고 있었다. 하지만 아쉽게도 태봉산과 경양방죽은 내가 중학교 3학년이 되던 1969년, 도시정리계획에 따라 사라지고 말았다. 동중과 광주고는 같은 운동장을 쓰며 한 학교처럼 지냈다. 1970년 3월, 동일계 진학으로 광주고에 입학했다.

돌이켜보면 그때가 참으로 행복한 시절이었다. 동중 졸업생들은 시험을 보지 않고 광주고에 진학할 수 있었기 때문에 공부를 열심히 하지 않았다. 학교 교정은 봄이면 벚꽃이 만발하고 초여름에는 뒷동산의 아카시아 꽃이 아름답게 피었다. 넓은 캠퍼스에서 마음껏 독서를 하면서 공부에 얽매이지 않고 6년을 보냈다. 점심시간이면 스피커에서 흘러나오는 아름다운 노래 선율과 함께 시가 낭송되었다. 사설적인 장시 구절과 민요가락으로 쓴 홍사용의 산문시 '나는 왕이로소이다'는 지금도 기억에 남아 있다. 내 정서와 감수성은 당시 학창 시절 6년 동안 형성된 것이라 해도 과언이 아닐 정도로 아름다운 시절이었다.

학창 시절 기억에 남는 친구들이 많다. 4선 국회의원을 지낸 신계륜이 고등학교 시절 학생회장이었고, 1980년 전남대 학생회장으로 1982년 감옥에서 단식투쟁 도중 타계한 박관현이 연대장이었다. 박관현은 6년 동안 네 번 같은 반이어서 아주 친했다. 그는 영광 불갑면 촌놈으로, 소박하고 털털하고 의협심이 강했다. 그 외에도 초창기 사계절출판사 대표 김영종과 5월 항쟁으로 구속되었다가 후유증으로 타계한 양강섭, 지금도 평화통일운동을 열심히 하고 있는 고영대와 박기학이 동창생이다.

당시 광주고 학생은 육군사관학교에 많이 진학했다. 대부분 어려운 집안의 자식들이다 보니 학비가 없는 육군사관학교를 택한 것이다. 고등학교 졸업을 앞두고 부모님께서 내게 육사에 가라고 했지만 나는 군인보다는 교사가 더 적성에 맞을 것 같아 전남대 사범대를 택했다.

사범대를 택한 진짜 이유는 따로 있었다. 가정형편이 넉넉지 않았기에 4형제의 장남인 내가 빨리 돈 벌어서 동생들 뒷바라지하겠다는 생각에서였다. 당시 전남대 사범대에는 내가 고등학교를 졸업하기 1년 전에 교육학과와 수학과가 생겼다. 이듬해에 정식으로 사범대 인문계열이 생겨서 입학원서를 내게 되었다.

2

학생운동

강신석

1973년 3월, 전남대 사범대 인문계열에 입학했다. 전남대 사범대학은 1972년에 교육학과, 가정교육과, 수학교육과가 신설되고 이듬해 국사교육과, 외국어교육과, 과학교육과, 체육교육과가 증설되었다. 당시 전남대는 졸업생이 600여 명밖에 안 되는 아담한 학교였다.

나는 신입생으로 친구들과 어울려 술 마시고 놀면서 자유로운 대학 분위기를 즐기기에 바빴다. 1973년 3월 20일 박정희 유신독재체제를 비판하는 유인물 '함성' 지를 작성한 이강 선배가 등굣길에 체포되었다. 곧 이어 김남주, 김정길, 박석무 등 대학 선배들이 구속되었다. 그런 사건이 일어나고 있었지만 나는 소문만 귓결에 흘린 채 1년이 흘러갔다.

이듬해인 1974년 3월, 사범대 국사교육과에 진입했다. 그해 4월 9일 민청학련사건으로 전남대 학생 윤한봉, 이강, 김상윤 등 18명이 체포되는 사건이 벌어졌다. 민청학련 사건은 전국적인 사건인 데다가 전남대 학생들도 여러 명이 연루되었다는 사실로 학생들이 관심을 갖

대학 3년 때 청춘 장석웅(1975년)

게 되었다. 그때까지 나는 학생운동 하는 사람을 알지 못했다. 뉴스를 보고 '무시무시한 사건에 전남대 학생들이 대거 참여하였구나' 하고 놀랐다. 그러나 한편으로는 '아, 내가 다니는 전남대학교에 우리나라의 민주화를 위해 활동하다 고난당하는 사람도 있구나'라는 생각에 자랑스러움과 긍지를 느꼈다.

그즈음 전국 대학가에서 '구속된 학생들을 석방하라!'는 시위가 일기 시작했다. 전남대에서도 시위가 벌어졌다. 그해 10월 14일 700여 명이 모여 '구속학생 석방!' 등을 외치며 가두시위로 계림동까지 진출했다. 11월 19일에는 의과대학 학생들이 교내시위를 벌이고, 12월 11일에는 문리대 앞에서 200여 명이 교내시위를 벌였다. 시위에 참여하면서 본격적으로 학생운동을 해야겠다고 생각했다.

1975년 2월, 민청학련으로 구속되었던 전남대 학생들이 모두 석방되었다. 그런데 박정희 정권은 1975년 4월에 민청학련 배후조직이라 하여 구속한 인혁당 사건 관련자 8명에게 사형을 선고하고 다음 날 바로 집행하고 말았다. 민주주의를 외친 사람들을 잔혹하게 사형시켰다는 사실에 큰 충격을 받았다.

그즈음 '함성'지 사건으로 구속되었다가 석방된 김남주 시인이 전남여고 근처에서 카프카 서점을 운영하고 있었다. 나는 카프카 서점도 들러보고 이 사람 저 사람 만나다가 기독학생회(KSCF) 활동을 하는 조봉훈을 알게 되었다. 그의 소개로, 민청학련사건으로 구속되었다가 석방된 선배들을 알게 되었다. 나도 그때부터 기독학생회에 참여했다. 당시 기독학생회 광주 선배는 민청학련 사건으로 출소한 나상기였다. 기독학생회에서 이세천, 조봉훈, 박병기, 우효, 김덕태,

김금해 등과 활동했다.

기독학생회는 당시 광주공원 옆에 있는 신광교회(담임 유연창 목사)에서 성경 공부와 함께 인문사회과학 공부를 했다. 주말에는 1박 2일로 합숙하면서 집중토론을 하기도 했다. 합숙 장소는 무등산 할렐루야 기도원이나 나주 다도댐 수몰예정지구의 빈집 등을 이용했다. 서울에서 열리는 기독학생회 전국연수회에도 참석했다. 그때 나상기, 윤한봉, 최철, 정상용 등 선배들을 만났고, 농민문제, 노동문제, 한국 현대사, 러시아 혁명사 등을 공부했다.

1975년 5월 13일, 박정희 유신정권은 긴급조치 9호를 발동하는 한편, 모든 학교에 학생회를 폐지하고 학도호국단을 조직하도록 했다. 그해 여름부터는 방학을 이용하여 학생들에게 병영집체교육을 실시했다. 우리는 교련을 거부했다.

1976년 1월 9일, 대학 3학년을 마치고 군대에 입대하여 경기도 연천의 20사단에서 복무했다. 1978년 8월 15일, 만 32개월의 군대생활을 마치고 육군 병장으로 제대했다. 대학 2학년 때부터 교련 수업을 거부하여 학점이 안 나와, 교련 수업을 마치면 부여되는 6개월 복무단축 혜택을 보지 못하고 2개월만 단축되었다. 다른 학생들보다 군복무를 4개월 더 한 것이다.

내가 군대에 있는 동안 박정희 유신정권에 반대하는 투쟁은 더욱 거세게 전개되었다. 1978년 동일방직노동자 똥물 투척 사건, 그해 2월 윤보선, 함석헌 등 재야인사 66명 명의로 유신체제와 학원 및 언론탄압을 비판하는 「3·1민주선언」, 3월부터 전개된 대학가 시위들… 그러나 유신체제의 폭압적 상황에서 관련자들은 모두 탄압받았을 뿐만

강신석 목사님에게 세례(1981년)

아니라 연행·구속되었다. 전남대에서도 1978년 6월 27일 교수 11명이 학원 민주화를 요지로 하는 '우리의 교육지표'를 발표하여 중앙정보부로 연행되었다. 그 소식을 들은 학생들이 6월 29일, 연행된 교수들의 석방과 '민주학생선언'을 발표하며 지지 시위를 벌였다.

1978년 9월, 복학했다. 4학년 1학기로 복학한 셈으로 이듬해 8월 졸업할 예정이었다. 학생들이 많아진 대학 분위기는 3년 전에 비해 확연히 달랐다.

군대에 가기 전 활동했던 기독학생회 선후배들과 다시 만나면서 무진교회에 다니게 되었다. 당시 무진교회는 1976년 긴급조치 9호 위반 혐의로 구속되었다가 1977년 8월 15일 특사로 석방된 목포 연동교회 강신석 목사가 광주로 옮겨 와 설립한 교회로, 민주화운동을 지원하는 사랑방과도 같은 곳이었다.

토요일이면 다른 교회 다니는 청년들과 함께 YMCA에서 강신석 목사가 주관하는 성경공부 모임에 참여했다.

무진교회에 다닌 것은 신앙생활을 열심히 할 요량은 아니었다. 그곳에 가면 학생운동, 민주화운동을 하는 많은 선후배와 어른들을 만날 수 있기 때문이었다. 여러 정보도 얻을 수 있었다.

목사님의 설교는 당시 민주화운동에 성서적인 의미를 부여하고 우리에게 힘과 용기를 불어넣어주셨다. 목사님은 영적 구원도 중요하지만 정치적 구원(민중의 구원)을 위해 교회가 제대로 역할을 해야 한다고 말씀하셨다.

우리는 예수를 '혁명가 예수'로 인식했고, 우리 행동의 근거와 정당성을 여기서 찾으려 했다. 우리는 '나사렛 예수'를 역사적 예수로 보았다.

나사렛이라는 가난하고 소외된 지역에서 태어나 가난한 자들, 억눌린 자들과 지낸 예수. 그는 돈벌이에 혈안이 된 대제사장과 유대공동체의 종교적 기득권 질서에 저항한 반체제 운동가이며, 로마 당국이 그를 정치범의 처벌 방식인 십자가형에 처한 것에서 보듯이 반로마 유대 민족주의 민중운동가로 파악하였다.

강신석 목사님은 내가 가장 존경하는 분이며 평생 삶의 지표이기도 하다. 민주화운동을 하다 고난 받으시고 광주항쟁 참여로 어려움도 많이 겪으셨지만 꿋꿋하게 한눈팔지 않고 한길을 걸으셨다.

아무도 돌보지 않을 때 광주항쟁 부상자들을 돌보셨으며, 실로암선교회를 설립하여 장애인들의 친구가 되셨다.

사심 없고 청빈한 그분의 삶은 다른 모든 사람에게 큰 울림을 주었다. 그래서 모든 정치 지도자가 광주에 오면 먼저 목사님을 찾았다. DJ와 이야기할 때도 거침없이 소신을 펴고, 의견이 다르면 '핏대'를 올렸다고 한다.

교회에서 강신석 목사님 동생 강신갑과 조봉훈, 오정묵, 은우근, 이계양, 윤혜만 등과 청년회 활동을 열심히 했다. 교회가 셋집을 전전했기에 우리 청년들은 대출을 받아서 건축헌금을 했다. 이제 막 결혼했을 때이기에 경제적으로 어려웠지만 분에 넘치는 헌금을 한 것이다.

우리는 무진교회와 강신석 목사님에게 미쳐 있었다. 강 목사님은 우리에게 '교주'나 다름없었다. 무진교회 다닌다는 사실이, 무진교회 집사라는 사실이 자랑스러웠다. 교회학교 교사도 하고 성가대 베이

스 파트도 했다.

예배가 끝나면 우리는 골목길로 나가 담배를 피우며 낄낄거렸고, 주(酒)님을 모시는 일에도 게을리하지 않았다.

그곳에서 피아노 반주를 하던 윤명숙을 만났다. 그해에 민청학련 관련자인 윤한봉 선배와 세례를 받았다. 세례받기 전, 학습시간에 윤 선배와 열심히 주기도문, 사도신경을 외우던 기억이 난다.

강 목사님은 아들만 셋이었다. 그래서인지 아내가 딸(장민주)을 낳으니까 엄청 예뻐해주셨다. 목사님은 열렬한 전교조 지지자이며 후원자이기도 했다. 한 교회에 윤영규, 오창훈, 장석웅 세 사람의 해직 교사가 있었기 때문이기도 했다. 윤영규 장로님은 크리스마스이브가 되면 내 아들딸에게 전화를 해 산타할아버지 목소리를 내며 산타 역할을 해주셨다.

신영일, 박기순

    1978년, 전남대 국사교육과는 학생운동을 하는 이들이 많았다. 특히 박기순, 신영일 등 국사교육과 후배들이 들불야학 강학 활동을 하면서 학생운동을 열심히 하고 있었다. 박기순은 대학 3학년생으로 6·29교육지표시위사건과 관련해서 정학당한 후 휴학하고 공장에 다니고 있었다. 신영일은 2학년으로, 이념서클인 '독서 잔디' 출신이었다. 그 외에 흥사단 활동을 하던 3학년 박병섭, 나중에 들불야학 강학 활동을 한 배환중(고인), 김경옥, 최영희 등이 모두 국사교육과 학생들이다.

    박기순은 1974년 전남대 민청학련 사건으로 구속되었다가 석방된 선배 박형선의 누이동생이다. 그녀는 1976년 전남대 사범대에 입학한 후 독서 서클 '루사'에서 활동하다 광천동 성당 교리실을 빌려 개설된 들불야학의 설립에 참여했다. 1978년 7월 야학 설립 일정을 확정하고 야학 이름을 짓는 회의에서 박기순은 소설가 유현종이 동학혁명을 소재로 쓴 『들불』과 미국노동운동의 비사를 다룬 책의 부제인 '들불'에서 착안하여 '들불야학'이라 이름을 붙였다고 했다.

1978년 12월 26일, 그녀는 야학에서 학생들과 크리스마스를 지낸 후 오랜만에 귀가하여 깊은 잠에 빠졌다가 문틈과 구들 사이로 스며드는 연탄가스에 중독되어 안타깝게도 세상을 떠나고 말았다. 운명하기 전인 23일 저녁에는 '야학운동의 장기적 전망'을 주제로 광천시민아파트 윤상원의 자취방에서 토론으로 밤을 지새웠다. 성탄절 이브인 24일은 비좁은 야학 방에서 야학생들과 강학들 20여 명이 밤새워 노래 부르고 정담을 나누며 보냈다. 25일은 야학 교실 난로에 지필 땔감을 구하러 야학생들과 변두리 야산으로 수레를 끌고 다니며 나무를 실어 내느라 피곤이 쌓인 상태였다. 그동안 쌓인 피로 때문에 연탄가스가 스며드는 것을 의식할 수 없었다.

당시 나는 박기순을 잘 알지 못했다. 제대로 알기도 전에 너무 빨리 세상을 떠났기 때문이다. 1978년 8월 말 군에서 제대하여 4학년에 복학한 후 10월경 전남대 교정에서 만난 것이 첫 만남이다. 학교를 잠시 쉬고 광천공단에서 일하고 있다고 했다. 박기순은 운동화에 청바지와 헐렁한 티셔츠를 잘 입고 다녔다. 단발머리에 둥글둥글한 얼굴, 검은 눈동자, 뭉툭한 콧날, 항상 잘 웃어 하얀 이가 살짝 보이는 미소가 그녀의 전형적인 모습이다. 처음 봤을 때, 무슨 일이든 망설이지 않고 실천하는 행동파 이미지가 풍겼다. 그녀는 휴학하고 광주공단에 있는 중소 제조업체에 다녔다. 공장에 취업할 때 중학교만 졸업했다고 허위로 이력서를 작성하여 지역 최초의 위장취업자가 된 셈이다.

두 번째 만남은 12월 초 광천공단 실태 조사 준비하러 광천동아파트에 갔을 때였다. 야학 현황과 광천동아파트 상황에 대해 이야기해 주었다.

그 며칠 후 들려온 소식이 박기순의 죽음이었다.

그 추운 겨울날 전남대 영안실에는 많은 사람이 찾아왔다. 나는 후배들과 선배 제재소에 가서 손수레로 화목을 날랐다. 영안실 앞에서 밤새 화톳불을 피웠고, 사람들은 눈물과 함께 소주를 마셨다.

영결식에서는 서울에서 내려온 김민기라는 가수가 그때는 처음 듣는 '저 푸르른 들판에 솔잎처럼'이라는 노래를 불렀다. 김민기도 조객들도 모두 울었다.

박기순에 대해서는 잘 몰랐지만, 황망해하고 슬퍼하는 사람들 모습을 보면서 나는 스물한 살, 불꽃처럼 산화해 간 그녀의 삶과 죽음에 숙연히 머리를 숙였다.

1982년 2월, 그녀는 윤상원과 영혼결혼식을 올렸는데, 1997년 광주 망월동에 국립 5·18묘역이 조성되자 윤상원과 합장되었다. 두 분의 영혼결혼을 기리는 노래 '임을 위한 행진곡'이 그때 만들어져 지금까지 널리 불리고 있다.

복학하자 신영일이 먼저 나를 찾아와서 인사했다. 중간보다 약간 큰 키에 마른 체격인 그는 더벅머리 장발에 까무잡잡한 얼굴, 두툼한 입술에 크고 둥근 눈으로 잘 웃었다. '국사교육과 2학년 신영일'이라고 밝히며 선배 이세천에게 소개받았다고 했다. 그 후부터 신영일은 자주 찾아와 당시 사회과학 동아리에서 많이 읽히던 책을 여러 권 주었다. 덕택에 나는 군대 3년 동안 사회와 단절되며 무뎌진 현실감각을 회복할 수 있었다.

신영일과 자주 만나 대화를 나누며 그의 열정과 논리에 빠져들었다. 그는 자신의 생각을 어떤 주의나 사상에 얽매이지 않고 진지하게 제시하고 밝혔다. 그의 주장의 바탕은 항상 '무엇이 옳은가?', '무엇을 할 수 있는가?'였다. 1970년대 초반 독서클럽이 중심이 되어 관념적인 학생운동의 흐름이 구체적인 활동을 실천하는 흐름으로 재편되고 있었다. 그 중심에 신영일을 선두로 박기순 등 들불야학 그룹이 든든하게 자리를 잡았다.

어느 MT 때, 학습이 끝나고 막걸리를 마시며 이런저런 이야기를 나누었다. 누군가 각자 희망을 이야기해보자고 했다. 모두가 돌아가면서 판검사, 농민, 정치인, 신문기자 등이 되어 한국 사회를 위해 민주주의와 정의실현의 파수꾼이 되겠다고 했다.

신영일 차례가 되었다. 영일이는 "나의 꿈은 혁명가"라고 했다. 모두 말문이 막혔다. 우리가 얼마나 소시민적인 사람인지 자책했다. 그러면서 영일이는 혁명가로서 자질이 충분하다고 주억거렸다.

영일이는 내 스승이기도 했다. 많은 주장과 논점을 단칼에 정리하고 핵심을 쉽게 풀어내는 능력이며, 명쾌한 논리와 뛰어난 선전선동 능력을 갖춘 사람은 일찍이 용봉 캠퍼스에서는 찾아보기 힘들었다.

그렇지만 신영일이 항상 진지한 것은 아니었다. 그는 낭만주의자였다. 스스로 혁명적 로맨티스트라고 했다. 선후배들과 회의를 하거나 토론을 하고 난 후 뒤풀이 자리에서 우동 국물에 소주 한잔 걸치고 부르는 노래는 단연코 인기였다. 그는 송창식의 '웨딩케이크'나 대학가요제에서 수상한 '그 누가' 같은 포크송부터 하남석의 '밤에 떠난 여인' 같은 유행가까지 가리지 않고 불렀지만 그가 부르면 모두 멋있는 노래가 되었다. 그는 자작곡도 여러 곡 지어 불렀는데, 들불야학 학당가도 작사·작곡했다.

들불야학 학당가

너희는 새벽이다. 밝아 오른다.
너희는 새암이다. 솟아오른다.
심지에 불 댕기고 앞서 나가자.
민족의 새아침이 바라보인다.
땀과 눈물 삼켜가면서 뛰어가자.
친구, 사랑하는 친구, 들불이 되어.

폴란드 작가 마렉 플라스코가 쓴 『제8요일』이라는 소설이 있다. 당시 대학생들에게 꽤 인기가 있었다. 제2차 세계대전 후 1950년대 폴란드 바르샤바에 사는 한 가족 이야기이다. 주인공 아그네시카는 부모님과 오빠와 또 다른 남자와 단칸 아파트에 산다. 스물두 살 나이에 부모와 한 방을 쓰고 다른 남자와 오빠는 부엌방에서 사는, 삶의 무의미함과 갈등을 그리고 있다. 아그네시카는 사랑하는 연인과 사랑을 나누기 위해 사방이 벽으로 막힌 공간을 찾지만 실패하고 낯선 유부남에게 순결을 준다. 여대생 아그네시카와 그녀의 연인 피에트레크에게 '제8요일'이란 7일밖에 없는 일주일에서는 얻을 수 없었던 그들의 소망을 이룰 수 있는 날을 의미한다. 청춘 남녀의 사랑을 통해 바르샤바의 현실을 예리하고 심도 깊게 다룬 리얼리즘 소설이면서도 허무주의적 분위기가 다분한 소설이다.

영일이는 이 소설을 소재로 '제8요일'이라는 노래를 작사 작곡하여 불렀다. 내 기억이 맞다면 첫 소절은 이렇게 시작한다.

"우리들의 사랑 맹세 붉은 태양 태양이 아쉬웠기에."

1979년 3월, 새 학기가 시작되었다. 전남대 학생운동은 들불야학 강학과 실태 조사팀들이 새로운 구심점 역할을 하기 시작했다. 게다가 실태 조사팀들이 주축이 된 '사회조사연구반', 이세천, 고희숙, 김정희 등이 주체가 된 기독학생회의 다른 이름 '성경과 찬송' 동아리, 탈춤반의 다른 이름 '전통극 연구회'가 등록하고 신입생 모집을 시작했다. 독서를 통한 사회인식과 역사관 정립, 들불야학 창설과 강학, 노동자 실태 조사를 거친 신영일은 점차 말수도 없어지고 뭔가 골똘히 생각하는 과묵한 모습으로 바뀌어갔다. 그는 이념 동아리를 규합하여 학년별 대표자회의를 비밀리에 상설화하고 자신이 직접 지도하는 소모임을 여러 개 만들어 운영했다.

그는 1979년 전남대 학생운동의 흐름을 바꾸고 1980년 '민주화의 봄'을 맞아 박관현 직선 총학생회장 시대를 열었지만 5월 항쟁에 참여하지 못했다. 1981년 9월, 학내시위로 수배 중이다가 1982년 3월 체포되어 광주교도소에 수감되었다. 이미 교도소에 들어와 있던 박관현과 6월부터 10월까지 세 차례에 걸쳐 50여 일간 단식투쟁을 하던 중 10월 12일 박관현은 죽고 말았다. 다행히 죽음을 면하고 탈진

신영일의 미망인 김정희 선생, 두 아들과 함께(2017년)

상태에 빠진 신영일은 1983년 병보석으로 석방되었다.

감옥에서 나온 그는 잠시 몸을 추스른 후 1984년 구속자협의회 간사를 맡으면서 다시 사회운동 일선에 섰다. 그 후 1980년대 중반 지역 민족민주운동의 선도적인 구심체 역할을 했던 '전남민주주의청년협의회'를 창립하고 1986년 3·30 개헌 현판식 투쟁, 민통련의 5·3 인천투쟁에 참여하는 등 불꽃같은 생을 살다가 1988년 홀연히 병으로 세상을 떠나고 말았다.

그가 죽기 1년 전인 1987년 어느 날, 전남교사협의회 사무실로 아내 김정희 선생과 찾아왔다. 당시는 전남교사협의회가 결성되고 교사들이 대중적으로 진출하던 역동적인 시기였다.

'영일이가 지금 교직에 있었으면 얼마나 좋을까. 교사 대중운동에 큰 역할을 하고 있을 텐데.'

'그래, 형. 나 교사 하고 싶어. 형과 함께 교사운동의 새로운 전망을 세우고 싶어.'

'그래, 올해 말 대선에서 민주정부가 수립되면 복학하여 졸업할 수 있겠지. 그러면 교사 되는 날도 멀지 않았지.'

김정희 선생은 가만히 웃고 있었다.

1988년 몇 월인가 생각이 안 난다. 영일이가 죽었다. 기독병원 영안실 앞에서 1박 2일을 내내 울었다.

영일이가 너무 아까워서

청상이 된 김정희 선생이 너무 짠해서

두 아들이 너무 불쌍해서.

역사교육과의, 사랑하는 두 후배는 이렇게 내 곁을 떠났다.

박관현

관현이는 광주동중과 광주고 동기동창이다. 6년 동안 같은 반을
네 번이나 했다. 영광군 불갑면 촌놈이지만 기죽지 않던 그는 이내
학교에서 말발 있고 영향력 있는 학생이 되었었다. 털털하고 의협심
이 많은 데다가 공부도 잘했다. 그에 비해 나는 내성적이고 얌전한
학생이었다. 관현이는 고3 때는 연대장을 했다. 당시 학생회장은 신계
륜이었다.

고3 때 서울대에 응시했지만 낙방하여, 3수를 했는데도 계속 떨어
졌다. 곧바로 입대하여 군대 3년을 마치고 전대 법대 1학년으로 입학
했다.

나는 1978년 9월 4학년에 복학한 뒤 관현이를 찾아가서 법대 앞
에서 만났다. 관현이는 사법고시 합격을 목표로 법대 도서관에서 숙
식을 하며 공부하고 있었다. 그는 훌륭한 법관이 되어 사회정의 실현
에 기여하겠다는 꿈이 있었다. 오랜만에 만난 그에게 이런저런 이야
기 끝에 학생운동에 대해 이야기했다. 그의 반응이 호의적이었다. 나

는 많은 학생운동 리더들, 선배들, 어른들을 소개했고 관현이는 이내 빠져들었다. 관현이가 법대 도서관을 찾는 횟수가 눈에 띄게 줄어들었다.

그해 겨울, 광주YWCA 강당에서 양심적인 지식인이나 해직 교수들을 초청한 시국강의가 열렸다. 그때 나는 박관현과 함께 참석했다. 그곳에서 윤한봉 선배를 만나 박관현을 소개했다.

그러자 윤 선배가 "저 친구는 나중에 거목이 될 소지가 있다"고 했다. 박관현의 인생행로에서 나를 만난 것이 중대한 전환점이 된 것이다.

1978년 12월 초순 어느 날 저녁, 광천동 시민아파트 앞 신협 사무실에서 나와 박관현(법대), 이세천(인문대), 박병섭(국사교육과), 안진(사회학과), 김정희(영어교육과), 신영일(국사교육과), 박용안(법대), 최금표(인문대), 위승량(조선대)이 모였다. 당시 광천동에 있던 광주공단 노동자 실태 조사를 위해서였다.

실태 조사는 그해 7월 광천동성당 교리실을 빌려 시작된 들불야학 강학들이 광주공단 노동자들의 실상을 파악하기 위해 제안한 것이었다. 나에게 실태 조사 참여를 권유한 사람은 당시 들불야학 강학이자 국사교육과 후배인 신영일이다. 그는 나 외에 함께 실태 조사를 할 만한 사람을 추천해달라고 하여 고등학교 친구 박관현을 추천했다. 그는 군 복무 후 대학에 입학하여 이제 법대 1학년이었다. 이세천과 김정희, 위승량은 기독학생회(KSCF) 모임에서 만난 적이 있었다. 사회학과 안진은 설문 작성 요령이나 통계 분석 등 전문가로 참여했다.

그날 모임은 실태 조사를 위한 첫 번째 활동가 예비모임이었다. 다들 모여 인사를 나누고 있는데, 잠시 후 나보다 서너 살쯤 많아 보이는 두 사람이 들어왔다. 앞서 들어온 사람이 그해 전남대를 졸업하고 들불야학 강학을 맡고 있는 윤상원이라고 짤막하게 자신을 밝힌 후, 함께 들어온 사람을 소개했다. 우리가 소개 받은 사람은 광천시민아파트 가동 반장이자 YWCA 신협에 근무하던 김영철 씨였다. 윤상원보다 두 살쯤 위라는 김영철 씨는 '전남협동개발단' 소속으로 지역개발운동을 하고 있다고 자신을 소개했다. 잠시 후 김영철 씨가 광천시민아파트의 실상과 자신의 지역개발운동 계획을 설명했다. 그로부터 들은 광천시민아파트의 실상은 충격적이었다.

그날은 광천동 지역개발운동에 대한 김영철 씨의 첫 번째 특강인 셈이었다. 특강이 끝나자 신영일의 사회로 다시 광주공단 노동자 실태 조사를 어떻게 할 것인지에 관해 토론이 시작되었다. 먼저 신영일이 "조사 참여자를 대학의 인문사회과학 서클이나 의식 있는 모임의 중진 멤버로 구성하여 조사 과정에서 얻은 경험과 방법론을 다시 자신들의 모임에 확산시켜 실증적이고 실천적인 의식을 갖도록 한다"고 참여자 선정 취지를 밝혔다. 그러자 이세천이 "학생이나 일반 대중에게 노동문제의 심각성을 고발하여 여론을 환기하자"고 했다. 조사 목적인 셈이다. 나는 "대학 캠퍼스에서 느끼는 감상적인 의식의 형태를 가장 소외받는 노동자들 곁에서 새롭게 느껴보자. 그리고 대학생 사고의 한계를 극복해보자"는 것이 조사의 또 다른 목적이 될 수 있겠다고 했다.

　처음에는 조심스럽게 발언이 오갔지만 '실태 조사의 의의'를 어떻게 설정할 것인가 하는 문제에 들어서자 토론이 격렬해지기 시작했다. 박관현이 강하게 이의제기를 했기 때문이다.

　"거창한 의의를 설정하는 것은 바람직하지 않다. 운동은 말로 하는 것이 아니라 행동으로 하는 것이다. 실태 조사 그 자체 외의 다른 의미를 부여하지 말자."

　박관현이 학생운동, 노동운동과의 연대 등을 주장한 실태 조사의 의의에 대해 '미리 예단하지 말자'는 취지의 문제제기를 했다. 말보다 실천을 중요하게 여기는 박관현의 특성이 담긴 발언이지만 오해의 소지가 있었다. 박관현의 친구이자 그를 실태 조사에 참여시킨 내가 박관현의 발언을 보완해야겠다는 생각이 들어서 나서게 되었다.

　나는 노동운동이 발전해야 할 이유에 대해 설명했다.

　"현재 한국 사회는 박정희 군사독재정권에 의해 저임금 노동을 바탕으로 독점재벌 중심의 산업화를 추진하고 있다. 따라서 노동운동을 발전시켜 학생운동과 더불어 대중적인 사회운동으로 확산하여 민주정부를 수립해야 한다."

　우리는 한동안 목소리를 높이면서 토론을 계속했다. 박관현의 우렁찬 목소리가 들리는가 하면 신영일의 카랑카랑한 목소리와 낮지만 조곤조곤 따지는 여학생들의 목소리까지 어우러져 밤이 깊어갔다.

　토론이 끝나자 신영일의 안내로 김영철 씨 집인 시민아파트 가동 103호에 몰려갔다. 우리가 들어서자 그곳에 있던 김영철 씨의 부인이 가게에서 막걸리를 사 와 즉석 파티가 벌어졌다. 안주는 두부와 김치였다. 그날 우리는 윤상원, 김영철 선배들과 호칭을 형, 동생으로 부르기로 했다. 잠시 후 수업이 끝난 들불야학 강학들까지 몇 명이 합류했다. 막걸리가 몇 잔 돌자 윤상원 형이 김지하의 담시를 임진택이 판소리로 읊은 '소리 내력'을 한 대목 불렀다. 그러자 이어서 박관현이 '방랑시인 김삿갓'을 구성지고 텁텁한 목소리로 받았다.

　　　죽장에 삿갓 쓰고 방랑도 삼천 리
　　　흰 구름 뜬 고개 넘어가는 객이 누구냐
　　　열두 대문 문간방에 걸식을 하며
　　　술 한 잔에 시 한 수로 떠나가는 김삿갓

　　　세상이 싫든가요 벼슬도 버리고

　　　기다리는 사람 없는 거리 저 마을로
　　　손을 젓는 집집마다 소문을 놓고
　　　푸대접에 껄껄대며 떠나가는 김삿갓

　　1978년 12월 초, 광주공단 노동자 실태 조사 예비모임을 가진 우리는 12월 17일부터 조사 작업에 나섰다.

　　나와 관현이, 박병섭, 안진, 신영일, 최광표, 박용안 등이 초기 멤버였다. 상원 형, 영철 형은 가끔씩 와서 들여다보았다. 들불 강학들도 가끔씩 만났다.

　　조사 기간은 우리 모두가 대학생이었기 때문에 겨울방학이 끝나는 1979년 2월 20일까지 60일로 정하고 합숙 형태로 운영하기로 했다. 두 달 동안 집중적으로 조사를 마쳐야 했기에 밥을 해 먹으면서 낮 시간은 온통 조사활동에 쏟기로 한 것이다. 각자 쌀과 김치를 가지고 오고 부족한 것은 공동 경비에서 마련하기로 했다.

실태 조사의 첫 번째 업무로는 인원 구성, 관련 문헌 학습, 자료 수집과 재정 확보 등의 사전 준비로, 12월 30일까지 마무리하기로 했다. 사전 준비 작업의 관련 문헌 학습은 한국 근현대사·경제·경제사·노동문제·노동운동사·노동관계법·사회조사연구방법론 등을 다룬 서적을 선정하여 각자 읽은 후 토론으로 정리하는 방식을 택했다. 광주공단 관련 자료를 찾기 위하여 대학도서관·시청·노동청·광주노총·상공회의소·광주공단관리사무소 등을 찾아다녔다. 실태 조사 이론과 관련된 일은 사회학과 안진과 사회조사방법론의 전문가라 할 수 있는 전남대 박상태 교수의 자문을 받기도 했다.

제2단계는 조사 연구·설계 작업이었다. 최종적으로는 설문을 어떻게 작성할 것인가라는 문제였다.

그런데 그즈음 몇 가지 난관에 맞닥뜨리고 말았다. 우선 잠이 부족한 데다 먹는 것도 부실한 상태로 보름 정도가 지나니까 피로가 누적되어 지쳐가기 시작했다. 겨울인데 온기도 없는 썰렁한 방에서 담요 몇 장으로 버텨야 하는 열악한 여건 때문이었다. 게다가 쌀이나 김치를 가지러 집에 들렀다가 부모님께 붙들려 회의에 참석하지 못하는 사람이 생겨났다. 스스로 지쳐 불쑥 나갔다가 며칠씩 나타나지 않는 사람도 생겼다. 시간이 지나자 처음 의욕과 달리 지지부진해졌다. 그렇지만 대개는 2~3일 휴식을 취한 후 다시 합숙 장소로 모여

들었다. 광주가 집인 구성원들이 합숙 장소를 자주 빠져나갔고, 버틴 사람은 자취를 하던 박관현이나 박용안이었다. 1월이 되자 합숙 장소가 신협 사무실 옆방에서 들불야학 1기 학생들이 쓰던 아파트 교실로 바뀌었다. 당시 들불야학에서는 저녁 2시간만 교실로 사용했기 때문에 나머지 시간을 실태 조사반원들이 사용하도록 허락한 것이다.

실태 조사 작업에 착수한 지 한 달쯤 되는 1979년 1월 20일경, 드디어 총 39개 항목의 설문지가 완성되었다. 노동자의 일반적인 배경·노동조건·의식구조·노동조합활동 등을 기본 항목으로 한 설문이었다. 한 달 동안 춥고 배고프고 피곤해서 도중에 몇 번이나 그만두려는 생각이 치밀어 올랐던 합숙의 값진 산물이었다. 우리는 설문지를 노동자들이 잘 알아볼 수 있도록 알기 쉬운 문체로 또박또박 작성하여 등사기로 밀어 수백 부를 만들었다. 광천공단 지역을 나누어 2~3명씩 짝을 지어 설문을 받기로 했다.

우리는 처음에는 공장의 사업주를 만나 면담하고 설문지를 돌릴 수 있도록 협조를 구한 다음, 휴식시간이나 점심시간을 이용하여 설문지를 배포하고 작성하여 회수하기로 했다.

하지만 막상 공장에 들어가 사업주들을 만나 면담하는 과정에서 우리의 생각이 너무 안이했다는 것을 알게 되었다. 대부분의 사업주들이 설문 내용을 보고는 협조는커녕 쫓아내기에 급급했다.

몇몇 사업주들이 협조해주었는데, 극히 드문 경우였다. 우리가 시도하려던 방법을 빨리 바꿔야 했다. 사업주의 협조에 의지하려던 생각 자체를 근본적으로 버리고 직접 노동자들을 찾아 만나는 방법을 택해야 했다.

우리가 노동자들에게 직접 설문지를 받기 위해 활동할 수 있는 시간은 대부분 그들이 퇴근하는 저녁 7시부터였다. 공장 정문 근처에서 퇴근시간을 기다리고 있다가 일에 치진 노동자에게 말을 걸어 설문 취지를 밝히며 조사에 응하기를 청했다.

때로는 냉대받기도 하고 때로는 끈질긴 설득이 필요했지만 대부분의 노동자들은 정성들여 작성해주었다. 공장 근처 포장마차, 선술집, 튀김집 등 설문 작성이 가능한 장소라면 못 갈 곳이 없었다. 우리는 날마다 저녁이 되면 전투하듯이 공단 여기저기를 쏘다니며 설문지를 수집했다. 3교대하는 공장은 교대시간을 파악해서 설문지를 받았다.

약 2주일간 계속된 조사 작업은 가장 고단했지만 가장 보람찬 시간이었다. 실태 조사 기간을 통틀어 조사에 참여한 우리가 이때만큼 일체감을 가져본 적이 없었다. 조사하는 동안 광주공단 노동자들의 실상이 처음으로 하나하나 드러나기 시작했다. 구타당하고 해고당하고 동료의 해고에 항의하다 해고당한 노동자들, 상상을 초월하는 긴 노동시간과 저임금, 나이 어린 여공의 파리한 얼굴들… 운다는 것조차 너무 사치해서 우리는 울 수도 없었다.

들불야학 강학으로 비운의 사고로 죽은 박기순이 다녔던 광동공업사와 윤상원이 다녔던 한남플라스틱 노동자들도 만나 실태 조사서를 받았다. 퇴근시간인 저녁 7시부터 시작해서 밤 10시가 지나서야 설문 작업이 끝날 때가 많았다.

드디어 2주의 설문 작업이 끝난 후 분석 작업이 시작되었다. 2월 말경 실태 조사보고서 초안이 작성되었다. 66일간의 땀과 눈물과 분노와 열정이 담긴 광천공단 노동자 실태 조사서였다.

우리가 한 실태 조사는 광주공단 63개 업체 중에서 업종별로 임의 추출한 24개 업체를 표본으로 하여 표본 내 종업원을 무작위 추출한 뒤, 일반적인 배경·노동조건·의식구조·노동조합활동 등 39개 항목을 물어서 작성했다. 노동자의 성격을 파악하기 위해 업종별·성별·연령별 분포, 교육 수준, 기술 정도, 이전 직장, 보호자 직업, 숙식, 취업 동기, 취업 경로, 월평균 가족생계비, 임금의 가계비 기여도, 용돈 사용 등을 파악하려 했다.

그 밖에 휴식 시간, 월차와 유급 휴가, 작업 환경, 복지 시설, 직업병, 지각결근에 대한 사업주의 대응, 폭행 여부, 임금 만족도, 다른 공업지역에 대한 기피 정도, 경제성장에 대한 만족도, 노동자로서의 긍지 여부, 남북통일에 대한 의식, 주요 관심사 등도 조사되었다.

최종 결론으로 저임금과 임금 격차 해소, 작업 환경과 복지 시설 개선, 인간다운 삶의 보장과 비인간적인 대우 개선, 노조 결성의 자유와 자유로운 활동의 보장, 패배적이고 소극적인 의식구조 청산 등을 개선해야 할 점으로 지적하고 끝맺었다.

당시 광주공단 실태 조사는 그동안 어느 기관이나 연구소에서도 하지 않아 우리 작업이 최초인 셈이었다.

실태 조사보고서는 1979년 5월부터 4차례에 걸쳐 전남대학신문에 사회조사연구회 명의로 연재하기로 계획되었다. 실제로 첫째 주와 둘째 주까지 실렸다. 그러자 일간신문이 그 내용을 발췌해서 보도했는데, 사찰기관이 대학신문사에 압력을 가해 연재를 중단시켰다. 실태 조사에 참여했던 나와 몇몇은 서부경찰서에 연행되어 조사를 받았다.

조사가 끝난 후 우리는 모여서 향후 거취를 논의했다. 두 달간 함께 살다시피 하면서 조사활동으로 부대끼는 동안 동지애도 한껏 쌓인 상태였다. 그냥 헤어지기에는 너무 섭섭했다. 여러 가지 의견이 분분했다. 관현이는 대학에 사회조사반을 만드는 것을 반대했다.

사회조사라는 것을 통해 현장 실태를 알리고 경험을 널리 전하면 되지 굳이 사회조사반을 만들 필요가 있겠느냐 하는 입장이었다. 나는 사회조사라는 방식을 통해 사회현상을 파악하고 그 속에서 우리가 운동으로 진화, 발전시키기 위해 전문적인 역량이 필요하기 때문에 사회조사반을 만들어야 한다고 주장했다.

격렬한 토론 끝에 사회조사활동을 하는 동아리를 만들자는 결론에 도달했다. 그렇게 하여 1979년 3월 전남대학교에 사회조사연구회라는 명칭으로 서클 등록을 하였으며 창립 회원으로 나, 박관현, 이세천, 안진, 김정희, 신영일, 박용안, 최용주(사회학과), 박순(사학과), 장승 등이 참여했다. 지도교수는 실태 조사 당시 자문해주신 박상태 교수가 기꺼이 맡아주셨다.

사회조사반은 1980년 전남대 최고의 사회과학 서클이 되어 수많은 학생운동 지도자를 배출했다. 그만큼 고난도 많았다.

1980년 4월 전남대학교 총학생회장으로 선출된 박관현은 5월 17일 비상계엄이 확대되고 공수부대가 전남대에 진주하자 동료의 자취집으로 피신하여 체포를 면했다.

다음 날인 5월 18일 오후, 그는 검거를 피해 승용차를 빌려 타고 여수 돌산도로 피신했다. 그곳에서 항쟁 소식을 접하고 광주로 진입을 시도했으나 교통이 두절되고 지인들의 만류로 포기할 수밖에 없었다. 항쟁이 끝난 후 서울로 도피하여 이모 집에서 은신하다 1981년 9월부터 기숙사 딸린 섬유 공장에 취업하여 생활하던 중, 1982년 4월 수배자를 찾는 TV 뉴스에서 사진이 공개되어 동료 노동자의 신고로 체포되고 말았다.

광주교도소에 수감된 박관현은 9월 27일 1심에서 5년형을 선고받고 고등법원에 항소를 제기했다. 당시 광주교도소에는 들불야학 동료 신영일, 임낙평과 서울구치소에서 이감 온 소위 '학림사건' 관련자 6명, 대구 교도소에서 이감 온 부림사건 관련자 5명, 5·18민주화운동 관련자 등 양심수 40여 명이 있었다. 들불야학 동료인 신영일과 임낙평은 1981년 9월 전남대 시위 주도로 구속되어 재판을 받고 있었다.

7월 8일, 박관현은 감옥 안에서 의문사한 기종도 씨의 사인 규명과 재소자 처우개선 등을 요구하며 단식을 시작했다. 교도소 측은 단식 사흘째 날인 7월 10일 박관현 등을 끌어내어 고문하고 구타했다. 심지어 사형수 감방에 집어넣어 사형수로 하여금 발로 허벅지를 심하게 차게 하는가 하면, 가슴에 올라서서 밥을 억지로 먹이게 하고 고춧가루 탄 물을 먹이는 등 온갖 폭행을 저질렀다.

박관현과 신영일 등은 그때부터 40일이 넘도록 단식투쟁을 계속했다. 박관현은 단식으로 기력이 떨어져 재판정에도 걷지 못해 드러누워 재판을 받았다. 그 사실을 알게 된 강신석 목사와 신부님들이 나서서 교도소장을 면담하며 재소자들의 인권 존중을 요구했다. 상황은 개선되지 않고 오히려 단식 중인 박관현을 규칙을 어긴 죄수를 벌주려고 따로 마련한, 빛도 들어오지 않는 독거 감방인 징벌방에 수감했다. 10월 10일, 박관현이 빈사 상태에 빠져 의식을 잃자 교도소측은 전남대병원 응급실에 입원시켰다. 병원에서 응급조치를 취했으나 12일 새벽 2시 15분, 숨을 멈추고 말았다.

나는 주말에 광주에 와서 박관현의 소식을 간간이 듣고 있었다. 체포되었다는 소식, 교도소에서 신영일과 단식투쟁 중이라는 소식을 들었지만 그로 인해 관현이가 사망하게 될 줄은 꿈에도 생각지 못했다. 그러다가 10월 12일, 관현이가 죽었다는 소식을 들었다.

도저히 믿기지 않았다. 바로 학교에 조퇴를 신청하고 전남대 병원 영안실로 갔다. 나는 친구로서 조문객들을 맞아 분향을 인도했다.

박관현의 죽음을 전해들은 전남대 학생들과 민주인사, 광주시민들이 영안실로 속속 모여들어 분향을 시작했다.

오후 1시경부터 영안실 밖에 사복형사들이 무전기로 통신을 하며 돌아다니고 경찰기동대가 대기하고 있어, 시신을 뺏어가지 않을까 염려되었다. 빈소를 좀 더 넓은 공간으로 옮기려 했지만 운구 도중 시신을 탈취당할 수 있겠다 싶어 영안실을 영결식장으로 정하고 긴장하며 지켰다.

밤이 되자 사복형사들이 하나둘씩 병원 마당으로 들어오기 시작하여 영안실 입구를 에워쌌다. 밤 11시경 누군가 셔터를 내리려 하자 150여 명의 사복형사들이 화환을 짓밟고 밀고 들어왔다. 윤기석 목사님이 사복형사들을 가로막으며 정중히 조의를 표하라고 외치자 그들이 주춤하여 대치 상태가 되었다.

잠시 후 시신 부검을 하겠다며 검사를 앞세운 200여 명의 기동경찰이 다른 쪽 통로로 들이닥쳤다. 맨 앞에 서 있던 학생들이 하나씩 붙잡혀 끌려 나갔다.

제일 안쪽에서 시신을 지키고 있던 나와 몇몇 청년 학생들이 책상과 걸상으로 가로막으며 저항했으나 구타당하며 연행되어 경찰서 유치장에 갇히고 말았다. 경찰은 박관현의 어머니와 누님과 동생들까지 강제로 끌어내어 옆 사무실에 감금한 후 밤 12시경 시신을 옮겨 부검을 했다. 부검이 끝난 후 새벽 2시경, 그들은 감금하고 있던 가족들을 강제로 차에 태우고 영광으로 끌고 가 원불교 교당에 시신을 안치했다.

다음 날 군청과 면사무소 공무원과 강제 동원된 사람들에 의해 영결식이 치러지고, 박관현은 고향 앞산에 묻혔다.

시신을 탈취당했다는 소식을 들은 전남대 학생들이 그날부터 "학생들은 모두 도서관 앞에 모여라, 박관현 회장의 시신을 탈환하자!"는 구호를 외치며 시위를 시작했다. 학생들은 전남대를 뛰쳐나와 신안동과 임동을 거쳐 아세아극장 삼거리와 광천동까지 진출하면서 분노를 표출했다. 전남대 학생들의 시위는 그 후로도 며칠간 계속되었다.

나는 2박 3일 동안 경찰서 유치장에 갇혀 있었다. 당시 11명이 연행되었는데 모두 대학생이고 나는 현직 교사였다.

내가 치열한 역사의 현장에서 벗어나 보성 율어중학교에서 소시민적 삶에 묻혀 있을 때 관현이는 도피 수배 구속 끝에 감옥에서 죽음을 맞이했다. 내가 겪은 상심과 죄책감, 참담함과 미안함을 어떻게 표현할 수 있을까. 법조인이 되어 사회정의 실현에 이바지하겠다던 관현이를 이 지경으로 만든 것이 나라는 생각에, 당장이라도 교사직을 그만두고 독재정권 타도의 전사가 되어야겠다고 되뇐 적이 한두 번이 아니었다. 그러나 단칸방에 누워 잠든 딸아이와 아들놈을 바라보며 생각을 고쳐먹곤 했다. 그래, 평생 빚 갚으며 질기게 살자고….

강기형

1978년 겨울이 흘러갔다. 1978년 12월 26일 들불야학 강학을 하다 비운의 사고로 죽은 박기순의 장례식이 '학우장'으로 치러졌다. 항상 밝게 웃으며 먼저 다가와 인사를 건네던 박기순을 이제 볼 수 없다는 것이 믿기지 않았다. 그의 장례식에 쟁쟁한 재야인사들이 참석하자 정보과 형사들이 멀리서 지켜봤다. 그 때문에 그동안 정보과 리스트에 체크되지 않았던 들불야학이 불온한 단체로 블랙리스트에 올려졌다.

1979년 3월, 학생운동을 탄압하는 정보과 형사들이 학교 안까지 돌아다니며 소위 '문제 학생'을 감시하는 상황이었지만 학생운동의 열기는 어느 때보다 뜨거웠다. 사회조사연구회가 창립되고, 소위 여학생 4총사라고 불리던 고희숙, 김경희, 김정희, 박유순이 중심이 된 기독학생회 모임이 '바이블 & 뮤직'이라는 동아리로 등록했으며, 1978년 6·29시위에 회장단이 주동자로 참여하여 해산되고 말았던 탈춤반(민속문화연구회)이 '전통극연구회'로 이름을 바꾸어 등록했다.

학생들의 활동을 감시하는 정보과 형사들의 시선을 따돌리고 동아리가 하나하나 창립되는 과정 자체가 우리에게 긴장과 흥분을 주는 감동적인 순간들이었다. 나는 사범대 내에도 이념 서클이 필요하다고 생각해 교육학과 신민정과 국사교육과 신영일, 임주형, 김경옥과 함께 교육연구반을 결성했다.

　당시 학생운동을 하던 우리가 암묵적으로 동의했던 항목들이 있다. 그중 하나는, '1학년 때는 열심히 인문사회과학 학습을 하고, 2학년 때는 1학년 후배들을 지도하고, 3학년 때는 다른 동아리나 모임과 연대활동을 하고, 4학년이 되면 시위를 주동한다'는 것이다. 시위를 주도하여 구속되거나 제적되어 지식인으로서 기득권을 포기하고 감옥에 갔다 온 후 노동현장에 투신하여 노동운동을 한다는 논리였다.

　그 논리에 따르면 4학년이 시위를 주도해야 했다. 당시 학생운동 그룹에 4학년은 나와 철학과 엄창수, 국사교육과 박병섭 셋이었다. 우리 셋은 모여서 4월 28일을 디데이로 잡고 시위를 준비하기로 했다. 그날 발표할 성명서도 인쇄했다.

　그러나 전날인 27일 만나서 밤을 새워 토론을 벌였는데, 도저히 시위를 결행하지 못하겠다는 결론을 내고 헤어지고 말았다. 시위를 벌인 후 감옥에 갇히고 학교에서 제적되면 부모님이 얼마나 실망하실까 생각하니 도저히 시위에 나설 수가 없었다.

　결국 그날 시위가 있으리라 생각하고 대비하고 있던 후배들에게 얼굴을 들 수 없었다. 그 사건은 지금까지도 우리들 가슴 한쪽에 슬픈 상처로 남아 있다.

우리가 기도했던 시위가 불발된 후 박병섭(사범대), 조순형(농대), 최영추(농대), 이세천(문리대), 윤만식(농대)이 여러 차례 모여 시위를 계획하였으나 성사되지 못하였다.

새로 만든 동아리에 신입생이 들어오고 동아리 간 교류도 활발해지자 누군가 동아리 회원들의 미팅을 제안했다. 남녀가 만나서 대화하는 기존 방식의 미팅이 아니라 남녀를 구분하지 않고 대화를 나누며 노래와 율동도 하는 새로운 형태의 미팅을 하자는 것이었다. 마침 다방 휴무일을 활용하면 좋겠다 하여 대학 근처 '인성다방'이라는 곳을 빌려 미팅을 추진했다. 9월 17일, 사회조사반, 기독학생회, 교육연구반, 독서 잔디, 얼샘, 탈춤반 등에서 40여 명이 모였다. 사회조사연구회의 최용주와 신영일이 앞에서 레크리에이션으로 분위기를 끌어가며 흥을 돋우었다.

당시 박정희 정권은 통일주체국민회의 대의원을 소집하여 영구집권을 꾀하였다. 서울에서 통일주체국민회의 대의원대회가 열리는 날이면 소위 운동권으로 찍힌 대학생들은 정보과 형사들이 가정학습이라는 명분으로 부모님을 협박하여 며칠간 고향이나 외갓집에 있게 했다. 졸업 후 나는 정보과 형사들의 감시를 피할 수 있었지만 신영일 등 학생운동을 하는 후배들은 옴짝달싹을 못 하였다. 그러다 떠오른 생각이 유인물 편지였다.

유인물 편지를 학생들에게 보내서 학내 분위기를 변화시켜보자는 의도였다. 그 작업은 아직 발령이 나지 않아 시간이 많은 내가 맡기로 했다. 나는 무진교회에서 반주와 주보 인쇄 등을 담당하는 윤명숙에게 도움을 청했다. 등사기를 빌리고 필경筆耕을 부탁했다. 나중에 문제가 되면 서체를 확인할 것이므로 전남대학생이 아닌 윤명숙의 서체를 알아내기 힘들 거라고 생각했다. 다행히도 흔쾌히 허락했다. 윤명숙이 필경 작업을 도와주어 박정희 유신정권을 타도하기 위해 모두 궐기해야 한다는 내용의 '대구 대학생협의회' 명의의 편지 유인물 500여 장을 인쇄했다.

대학인에게 드리는 편지

"여름이 가고 가을이 왔습니다. … 가을의 풍요와 낭만을 이야기하기에는 현재의 사태와 우리에게 부과된 시대적 사명이 너무 심각한 것 같습니다. 정치적으로 보면 가부장적 독재 권력은 민중의 의지와 상반되는 봉건적 지배관계의 확대재생산을 가져왔으며, 강요된 복종과 침묵에 의해 민중은 질식 상태에 빠져들고 있습니다.

경제적으로 보면 잘살게 된다는 경제적 환상의 종언과 더불어 정치권력과 결탁한 소수 독점 매판자본에 의하여 농민, 근로자, 영세 상인들의 광범한 몰락과 소외를 초래하였습니다. 이때 일어난 와이에이치(YH) 사건과 김경숙 양의 죽음은 이 정권의 반민중적, 폭력적, 비인간적인 속성을 단적으로 표현해주는 것이라 할 수 있겠습니다. … 이미 9월 초부터 서울대, 연대, 고대, 강원대, 경북대, 영남대, 계명대 등 10여 개 대학은 역사의 행렬에 참여하고 외치고 행동하였습니다. 민주인권의 도시 광주에 자리 잡고 광주학생운동

의 빛나는 얼을 계승한 전남대학교 학생 여러분, 우리 같이
손을 맞잡읍시다. 힘을 합칩시다. 새로운 역사가 전개되는
그날까지!"

학생들 주소는 같은 과 후배인 임주형 전남대학보사 편집장으
로부터 구했다. 9월 19일, 그 유인물을 편지봉투에 담고 주소를 적
은 다음 고속버스를 타고 경상남도 진주에 도착하여 시내 우체통에
5~10매씩 넣고는 하동과 구례로 가서 우체통에 넣었다. 누가 보냈는
지 알 수 없도록 우체통에 넣는 방법을 썼기 때문에 완전범죄라고
생각했다.

유인물 편지를 발송한 후 일주일도 안 된 9월 25일, 보성 율어중학
교로 발령이 났다. 대학에서 선후배 동료들과 토론하고 학습하며 학
생운동에 집중했던 것을 다 잊고 훌륭한 교사가 되겠다고 다짐했다.

9월 26일, 전남대 사범대 3층 여자화장실에 다음과 같은 붉은색
낙서가 쓰였다. "우리 모여 하나가 되자, 9월 27일 오후 2시 도서관
앞에서", "시대의 부름 외면 말자, 민중의 요청!", "무너뜨리자, 전대
여학생들은 각성해야 한다!" 이튿날 도서관 2층 여자화장실에는 "드
디어 시대가 요청하는 때가 왔다!"는 낙서가, 학생회관 여자 화장실
에 "민중의 부름, 시대적 요청을 외면 말자!"고 시위를 선동하는 낙
서가 또다시 나타났다. 정보과 형사들이 눈을 부라리며 범인을 찾았
지만 실패했다.

10월 3일 밤, 전남대 학생상담 지도관실에 누군가가 창문을 깨고
석유를 부어 불을 질러버렸다. 지나가던 학생의 신고로 소방차가 출

동하여 집기 일부를 태우고 진화되었다. 서부경찰서는 범인을 잡기 위해 특별수사반을 편성했다.

10월 22일, 첫 월급을 받고 나서 광주에 올라와 어머니 내복을 사다드리고 돌아와서 출근했다. 교실에 들어가 월요일 1교시 학급회의를 하려는데 누군가가 손님이 왔다며 교장실로 오라고 했다. 누가 왔을까 의아해하며 교장실에 갔더니 건장한 남자 2명이 기다리고 있었다. 광주 서부경찰서 정보과 형사들이었다. 그들은 수업 준비를 하던 나를 차에 태우고 광주로 갔다.

광주 서부경찰서에 잡혀온 나는 그동안 전남대에서 일어났던 방화 사건, 사범대 여자화장실 낙서 사건, 유인물 편지 사건 등의 범인이 아니냐며 추궁당했다. 상담지도관실 방화 사건은 내가 율어중학교에 출근한 후 일어난 사건으로, 누가 저질렀는지 정말 몰랐다. 내가 취조 받는 도중에도 전남대 후배들이 계속 연행되고 있었다. 취조실 여기저기서 비명소리가 들렸다. 전남대에서 소위 불온 서클 회원으로 찍혀 있는 학생들을 모두 연행하여 조사하고 있는 것 같았다.

결국 누군가에 의해 내가 유인물 편지 사건의 범인임이 밝혀지고 말았다. 그러자 형사들이 나에게 방화 사건의 범인을 대라고 추궁했다. 계속 버티며 잡아뗐더니 그들은 나를 숙직실로 데리고 들어갔다. 그곳에는 큰 책상 두 개, 굵은 몽둥이 하나, 수갑, 물주전자가 있었다. 한눈에 보아도 고문하는 곳이었다. 나중에 알고 보니 그것들은 소위 '통닭구이' 고문과 '물고문'을 위한 도구였다.

형사들은 내 눈을 수건으로 가리고는 손목에 신문지를 감고 수갑을 채웠다. 손목에 상처가 나지 않도록 하려는 것이었다. 그리고 물고문을 하기 전에 먼저 몽둥이로 때리면서 불라고 했다. 나는 모른다며 계속 잡아뗐다. 그러자 통닭구이 고문과 물고문이 시작되었다.

'나는 지금도 잊지 않는다. 나지현.
그자는 서부서 계장이다. 고문을 진두지휘했던 자이다.'
나는 고문의 고통을 참으면서 모른다고 잡아뗐다. 교사로 출근하고 있던 기간에 일어난 사건이라며 정말 모른다고 하자 취조가 끝났다. 결국 유인물 편지 사건의 범인으로 지목되었다. 형사들이 편지 사건의 증거를 찾겠다며 나를 앞세우고 집에 들이닥쳐 온 방을 뒤졌다. 밤늦게 들이닥친 우리 일행을 보고 깜짝 놀란 어머니가 울면서 밥이라도 해서 먹이겠다고 하니까 형사들이 "사식 잘 먹이니까 걱정 마시오"라며 먹지 못하게 했다.

고문당한 후 잠시 형사보호실에서 축 늘어져 있는데 또 부른다. 가 보니 눈매가 보통이 아니다. 대공분실에서 왔다고 한다. 한바탕 태풍이 몰아쳤다. 취조 요지는 남조선민족해방전선의 전사가 아니냐는 것이다. 결사적으로 부인했다. 다행히 한 번으로 끝났다.

내가 유인물 편지 사건을 추궁당하고 있을 때, 등사기를 빌려주고 필경을 해준 윤명숙도 연행되어 조사를 받았다. 그 과정에서 형사들은 마치 나와 윤명숙을 애인 관계로 대하며 추궁했다. 내가 취조가 끝나 유치장에 들어가니 이미 조사가 끝난 여러 명의 후배들과 윤명숙이 갇혀 있었다. 먼저 체포된 사람이 고문 받고 심문이 끝나 조서가 작성되면 유치장으로 넘어와 갇혀 있고, 또 끌려 들어와 고문 받은 후 유치장으로 넘어오고, 이런 식으로 계속되어 어느덧 유치장에는 40여 명의 전남대학교 선후배들이 갇혀 있었다.

당시 유치장은 행정보호실과 형사보호실이라는 명칭으로 앞에는 철창, 중간에 벽으로 칸을 막은 2개의 공간으로 구분되어 있었다. 죄질이 낮아 곧 훈방시킬 사람과 구속하여 재판 받게 할 사람을 구분하여 가둬두었다. 나는 구속시킬 유치장, 윤명숙은 훈방시킬 유치장에 따로 갇혔다.

그러다가 10월 26일 저녁, 유치장 옆 숙직실에서 고문당하는 비명소리가 들렸다. 누군가 윤한봉 선배가 잡혀 들어와 고문 받고 있다고 했다. 윤 선배는 이미 민청학련 사건으로 구속된 경험이 있고 광주 청년운동의 지도자 격인 민주인사이므로 형사들이 쉽게 다룰 수 있는 인물이 아니었다. 고문을 시작했다면 혹독하게 다루겠다는 것이었다. 그래선지 저녁부터 새벽까지 비명소리가 계속 들렸다.

그동안 먼저 조사가 끝나 유치장에 있는 사람들은 날마다 숙직실에서 새어나오는 누군가의 고문당하는 비명소리 때문에 잠을 잘 수 없었다. 비명소리가 들릴 때마다 담요를 뒤집어쓰고 '누가 또 저렇게 고통받고 있을까?'라고 귀 기울이며 누구의 목소리일지 온갖 추측을 하면서 밤을 새워야 했다. 고문이 시작되면서 유치장 담당 경찰이 숙직실에서 애처로이 흘러나오는 비명소리가 잘 들리지 않게 하려고 라디오를 크게 틀어놓았다.

27일 새벽에도 비명소리는 계속되었다. 그날도 담요 안에서 귀를 쫑긋이 세우고 비명을 지르는 사람이 누구일까 하며 자다 깨다 하고 있었다. 그런데 갑자기 라디오에서 새벽 첫 뉴스로 "박정희 대통령이 유고 어쩌고…"라는 소리가 흘러나왔다. 그 소리를 나 외에도 몇 명이 동시에 들었는지, 깜짝 놀라서 서로 옆 사람들을 깨우고는 '박정희 대통령 유고' 뉴스 들었느냐며 웅성거렸다. 박정희 정권이 끝나기를 간절히 바란 나머지 내가 환청을 들은 것이 아닌가 하고 생각할 정도였다.

전혀 예측하지 못한 뉴스였기에 다음 뉴스를 들어보자며 기다리고 있는데 경찰이 갑자기 라디오를 꺼버려 아침까지 사실 여부를 알 수 없었다. 대통령이 죽었다면 경찰들도 놀랐을 테니 유치장 담당 경찰들 표정에 어떤 변화가 있지 않을까 싶어 유심히 살펴보았다.

아침이 되자 형사들의 바뀐 태도에서 박정희 대통령이 죽었다는 사실을 눈치챌 수 있었다. 당시 우리는 유치장에서 꽁보리밥에 무 줄기를 소금에 절인 김치가 전부인, 무료로 공급하는 '관식'이라는 밥을 먹고 있었다.

그런데 우리를 고문하고 구타했던 형사들이 갑자기 흰쌀밥에 고기 국물이 있는 '사식'을 넣어주었다. '사식'은 돈 주고 구내식당에서 사서 먹는 밥이다. 담배까지 여러 갑을 사서 넣어주며 박정희 대통령이 죽었다는 소식을 전해주었다. 자기들에게 나쁜 감정을 품지 말라는 의미였던 것 같다. 그제야 박정희 대통령의 죽음을 실감할 수 있었다. 괴로웠던 유치장 생활도 기쁘게 참을 수 있었다.

원래는 상담지도관실 방화 사건, 시위기도 사건, 유인물 편지 사건 등으로 60여 명을 체포하여 조사하고 20여 명을 구속할 참이었는데 대통령이 죽자 사건이 축소되었다.

유인물 편지 사건과 시위 모의 건으로 나, 상담지도관실 방화 사

율어중에서 아이들과 교지 편집 중(1983년)

첫 발령지 율어중 교사 장석웅(1981년)

건으로 고희숙, 김경희, 박유순과 교사한 혐의로 신영일, 사범대 여자화장실 낙서사건으로 신민정, 충장로 유인물 사건으로 박병기와 윤한봉, 시위 기도사건으로 이세천, 최영추, 조순형 등 10여 명이 구속되어 교도소로 넘어갔다. 나머지 10여 명은 3일 혹은 10일 등의 구류를 살고, 나머지 40여 명은 훈방되었다.

우리의 죄목은 긴급조치 9호 위반이었다. 박정희 정권이 만든 긴급조치는 1975년 서울대생 '김상진 할복자살사건'을 계기로 유신헌법 철폐와 정권퇴진을 요구하는 민주화운동이 거세게 일자 이를 탄압하기 위해 그해 5월 13일 선포된, 헌법적 효력을 지닌 비상명령이다. 그 후 1호에 이어 4호, 9호를 발표하여 국민의 집회·시위 및 언론 행위를 금지하고 영장 없이 체포하는 조치를 발효하였다. 1979년 12월 7일 긴급조치 9호가 해제될 때까지 4년여 동안 800여 명의 구속자를 낳아 민주주의의 암흑기 속에 '전 국토의 감옥화', '전 국민의 죄수화'라는 유행어를 만들어내기도 했다.

12월 7일, 긴급조치 9호 해제로 전국 교도소에 구금되어 있던 정치범, 양심범, 대학생 등이 모두 석방되었다. 12월 9일 새벽, 나도 광주교도소에서 석방되어 집으로 돌아왔다.

귀가하여 내가 근무했던 율어중학교 강기형 교장선생님께 전화했다. 강기형 선생님은 전공이 사회과로, 내가 끌려간 뒤 내 수업을 도맡아 해주셨다. 우리 집으로 찾아와서 어머니를 위로하며 잘될 거라고 말씀하셨다는 이야기도 들었다.

"교장선생님, 저 장석웅입니다. 석방되어 나왔습니다. 폐를 끼쳐 죄송합니다."

"그래, 고생했네. 몸은 성한가?"

"예. 학교에 폐를 끼쳐 죄송합니다."

"그래, 시대가 그런 걸 어쩌누."

"죄송합니다."

"장 선생, 내일 대인동 터미널에서 만나세."

"예? 왜요?"

"이 사람아, 선생은 수업을 해야 할 것 아닌가?"

"아, 예."

다음 날, 대인동 터미널에서 강기형 교장선생님을 만나 학교에 출근했다. 모두들 눈이 휘둥그레졌다. 어젯밤 TV에 나왔다며 알아보는 학생들도 있었다.

박정희가 시해되고 시국이 급박하게 돌아가니 교육청에서 아무런 조치도 취하지 않고 눈치만 살폈던 것 같다. 게다가 교육청에서 나에 관한 사항을 보고하라 해도 강기형 교장선생님이 차일피일 미룬 것이 영향을 미친 것 같다.

두 달 남짓 구속되고 기소된 사람이 아무런 제재도 받지 않고 석방된 다음 날 원직에 복귀한 사례는 아마 전무후무할 것이다.

강기형 교장선생님, 애쓰셨습니다! 고맙습니다!

우리 집 셋째

1980년 3월 '민주화의 봄'이 왔을 때 나는 보성 율어중학교 신출내기 교사였다. 대통령 직선제 개헌을 요구하며 대학생을 필두로 전국적으로 시위가 전개되는 모습을 지켜보면서 마음속으로 응원만 하고 있을 때였다. 광주에서 5·18이 터졌다는 뉴스를 신문이나 방송으로 접했지만 상황이 그렇게까지 심각하게 전개되는지는 몰랐다.

5월 21일, 숙직이었는데 광주에서 윤명숙과 국사교육과 후배가 갑자기 학교에 나타났다. 당시 광주에서 보성까지는 버스로 두 시간이 넘게 걸렸다. 그다음 날부터 광주 가는 버스가 끊겼으니 그날 버스가 마지막 버스였다. 깜짝 놀라 무슨 일이냐고 물으니 둘이서 그동안 겪었던 광주 상황을 이야기했다. 잠시 피해 있고자 왔다는 것이다.

18일 시작된 항쟁이 19일 격화되기 시작하여 20일 최고조에 달하자 광주 시내에 살던 대학생들이 시외로 피신하기 시작했다. 그날 밤 광주에서 문화방송국이 불에 탔다. 우리 셋은 숙직실에서 밤늦게까지 광주 이야기를 나누고 새벽에야 잠이 들었다.

아침에 일어나서 내가 간단히 짐을 꾸렸다.

"가자. 광주로 가자."

두 사람이 눈이 휘둥그레졌다.

"광주에서 무고한 시민이 죽고 다쳤다. 내 선후배 동료들도 마찬가지일 것이다. 여기서 이렇게 있을 수 없다."

"광주에 가면 위험해 형. 형은 긴급조치로 구속된 전력도 있지 않아? 더구나 명숙이 누나도 있는데…."

"그래도 가야 해. 가야 한다고. 이대로 있을 수 없어."

학교는 임시휴교 중이어서 별 부담은 없었다.

광주 가는 버스가 없어서 걷다가 택시를 타기도 하고, 버스를 타기도 하면서 반나절 내내 움직여 화순까지 갔다.

화순읍에 도착하니 광주로 가는 길이 차단되어 있었다. 갑자기 "와" 하는 환호성이 일었다. 총소리가 탕~ 하더니 맨 앞에 군용 트럭이 광주 방향에서 오고 있었다. 군용 트럭 위의 두건 쓴 사람이 쏜 총소리였다. 버스나 트럭이 뒤를 이었고 시위대가 가득했다.

유리창이 모두 깨진 버스에 탄 청년들은 각목으로 버스 벽을 두들기면서 '김대중 석방!', '전두환을 찢어죽이자!', '계엄해제!' 등 구호를 외쳤다. 시위 대열에는 청년뿐만 아니라 교복 입은 여고생과 젊은 여성들도 있었다.

군용 트럭은 동면 쪽으로 달려갔다. 사람들은 화순탄광으로 다이너마이트를 가지러 간 거라고 했다.

화순읍 터미널 광장에는 차량 시위대들이 광주에서 "계엄군이 총을 발포했다"는 소식을 화순 주민들에게 알리고 있었다. 시가지에는 주민들이 구름같이 몰려들어 분통을 터트렸고, 일부 청년들은 즉석으로 차에 올라타 시위대에 합류하기도 했다.

18일부터 21일까지 광주 상황을 제대로 알지 못했던 나는 차량 시위대 행렬을 보고서야 광주에서 그동안 엄청난 사건이 일어났구나 하는 실감이 들었다.

시위대를 태운 트럭이 갑자기 멈추었다.

"물 좀 주세요."

사방에서 물과 음료수가 차 위로 올라갔다. 나도 마침 바로 전날 월급 받은 게 있어 옆 약국에서 박카스 몇 박스를 사서 올렸다.

시위 차량들이 광주 쪽으로 이동하려 엔진을 부르릉거렸다.

몇몇 청년들이 차량에 올라탔다.

어떡해야 하나? 차를 타고 광주로 가야 하나? 광주로 가서 시민들과 동지들과 함께해야 하는데….

옆에 결혼을 약속한 여자 친구 윤명숙이 보였다. 학교에서 같이 온 과 후배는 보이지 않았다. 이미 광주 가는 시위대 차량에 올라탔는지 모른다. 망설였다.

그러나 시위대 차량은 기다려주지 않았다. 굉음을 내며 광주 쪽으로 출발했다. 몇 대가 내 곁을 지나갔지만, 나는 차를 타지 않고 돌아섰다.

나는 윤명숙과 함께 화순에 있는 이모님 댁으로 갔다. 이모님은 나를 보더니 깜짝 놀라면서 맞아주셨다. 그곳에서 광주 집에 전화를 걸었다. 다행히 통화가 되었다. 전화를 받은 어머니는 "안 그래도 감옥까지 갔다 온 놈이 시골에 가만히 있지 왜 화순까지 왔느냐"며 호통을 치셨다.

나는 이모님 댁에서 하룻밤 자고 다음 날 광주로 들어가려는 생각이었다. 그런데 다음 날 어머니가 내게 전화를 걸어서, 광주에서 택시 운전하는 셋째 동생이 복면하고 군용 트럭을 몰고 시위대에 합류하여 다니다가 새벽에 총 들고 집에 들어와 발칵 뒤집혔다는 소식을 전했다. 그런 상황이니 광주에 들어올 생각은 꿈에도 하지 말라는 것이었다.

밤새 자지 못하고 고민했다. 라디오에서는 광주 폭도들이 난리를 치고 있다며 거짓 나발을 불고 있었다.

날이 새자 나는 윤명숙을 이모님 댁에 맡기고, 화순읍 경찰서 앞으로 가서 광주로 들어가는 차를 기다렸지만 차는 오지 않았다.

22일부터 계엄군이 광주와 화순 사이에 있는 산에 주둔하여 너릿재를 막고 산길로 통행하는 차량에 총격을 가해 광주에 들어갈 차를 찾을 수 없었다. 결국 광주에 가는 것은 포기하고 자전거를 타고 학교로 돌아오고 말았다. 5월 항쟁이 끝나 윤상원, 박용준이 죽고 많은 선후배가 체포되거나 수배되었다는 소식을 접했다. 그 후 5월 항쟁 과정에서 그들과 함께하지 못했다는 자책감과 부끄러움에 한동안 시달렸고, 평생의 짐—부채의식을 이고지고 살아가게 되었다.

'비겁한 도망자, 위선자, 배신자, 말로만 운동.'

5월 항쟁 당시 총을 들고 시민군 활동한 것 때문에 동생은 나중에 많은 고생을 했다. 그는 학창 시절 사고를 쳐서 이른바 불량 학생으로 찍히는 바람에 고등학교도 제대로 마치지 못했다. 어머니가 동생에게 무엇이라도 해서 먹고살아야 하지 않겠느냐고 강제로 권하다시피 해서 운전학원에 다니게 해 면허를 땄다.

동생은 차를 몰고 시위에 참여했다가 21일 오후부터는 군용 지프차를 타고 총을 든 시민군으로 복면을 하고 다녔다. 시민군으로 활동하다 집에 잠깐씩 들러 씻거나 옷을 갈아입고 다시 나갔다.

그러다가 23일부터 무기 회수를 시작하자 부모님의 성화를 못 이겨 스스로 경찰서에 총을 반납했다. 그때 인적사항이 남아 신원이 노출되었다. 그날 이후부터는 밖에 나가지 않고 집에 있었는데, 5월 27일 항쟁이 끝난 후 연행당하지 않고 무사했다.

항쟁 이후 계엄당국이 회수되지 않은 총기류를 찾기 위해 경찰들에게 상금과 일 계급 특진 등의 보상을 걸자 경찰들이 혈안이 되어 용의자를 찾아다녔다. 그때 동생이 체포되어 조사받은 후 삼청교육대로 끌려가고 말았다. 차라리 5·18 당시 총 들고 활동했던 시민군이라는 혐의로 구속되었더라면 재판을 받고 교도소에서 수형생활을 하다가 형기를 마치고 출소하면 그만이었다. 그런데 동생은 학창 시절 친구들과 어울려 싸움질을 하다 퇴학당한 전력이 있어서인지 삼청교육대로 보내진 것이다.

동생은 삼청교육대로 가서는 일선 전방부대에 감금되어 일 년 남짓 혹독한 군사훈련을 받았다. 그곳에서의 군사훈련은 정상적인 훈련이 아니라 살인적인 구타와 혹독한 기합의 연속이었다. 훈련을 거

우리 집 4형제 좌로부터 필자, 셋째(장석호), 막내(장석태), 둘째(장석철)

부하고 탈출하려던 사람들 여럿이 총에 맞아 죽기도 했다고 한다. 동생은 그곳에서도 A급으로 지목되어 삼청교육 기간이 끝나고도 석방되지 못했다. 경북에 있는 청송보호감호소에 1년 남짓 더 갇혀 있다가 겨우 석방되었다.

청송군 진보면에 있는 청송보호감호소는 멀고도 멀었다. 어머니를 모시고 면회를 갔다.

"아, 나 때문이다. 학생운동 한다고 싸돌아다니니까 동생도 배워 이 고생이구나."

"그래도 장하다. 형은 광주 코앞 화순에서 도망쳐서 살아남았고 너는 용감하게 시민군이 되어 형 몫까지 해냈구나."

1990년 5·18항쟁이 민주화운동으로 인정되어 유공자 신청을 받기 시작하자 나는 동생더러 신청을 하라고 했다. 동생은 삼청교육대 갔다 온 사람이 유공자 신청을 하면 5·18민주화운동 이미지에 먹칠을 하게 되므로 신청하지 않겠다고 했다.

기특하기도 했다. 그러다가 동생은 우리 가족은 물론 지인들의 권유로 2000년 3차 보상에 신청하여 유공자가 되었다. 지금은 자영업을 하면서 착실하게 소시민으로 살아가고 있다.

나는 1979년에 구속된 이력이 있기 때문에 5·18항쟁 이후 읍이면 지서에서 줄곧 나를 감시했다. 경찰들이 가끔씩 "장석웅 선생이 수업시간에 뭔 이야기하든?" 하고 학생들한테 물어봤다고 했다. 전두환이 집권하면서 '사회정화'니 하면서 교수, 기자 등을 해직하고 종교인들도 구속하면서 공포적인 사회 분위기가 계속되었다. 나는 전두환 정권이 우리를 가만히 두지 않을 것이어서 '언제 잘릴지 모른다'는 생각에 조마조마하며 보냈다.

그러던 어느 날, 광주에서 후배 전용호가 율어까지 왔다. 윤영규 선생님이 내게 광주YMCA 간사를 하면 좋겠다고 하셔서 내 의사를 물어보기 위해 왔다고 했다. 한참 고민 끝에 사양했다.

'그때 만약 YMCA에서 일했으면 지금은 어디서 무엇을 하고 있을까?'

윤명숙 1

아내가 된 윤명숙. 나는 그녀를 무진교회에서 만났다. 제대 후 복학해서 민주화운동을 하는 사람들이 많이 다닌다는 무진교회에 처음 다닐 때 그녀를 보게 되었다.

당시 그녀는 어여쁜 옷차림의 멋쟁이 아가씨로, 교회 반주자였다. 그녀가 얼마나 멋쟁이였는지 약간 과장스레 표현하자면, 그녀가 충장로를 걸어가면 그녀의 화려한 모습 때문에 거리를 가득 채우고 걷던 사람들이 모세의 홍해 기적 장면처럼 '좌악' 하고 양옆으로 갈라졌다고 할 정도였다.

그 옆에 우중충한 색깔의 빛바랜 옷을 입은 털털한 남자인 내가 함께라도 걸을 때면 그녀와 너무도 어울리지 않는 광경에 행인들이 다시 한 번 뒤돌아볼 정도였다.

그녀는 그렇게 멋을 내면서 젊음을 구가하던 어여쁜 아가씨였다. 화려하게 멋을 내고 다니는 그녀를 처음에는 나하고 맞지 않는다고 생각했고, 오히려 공격적으로 대하기까지 했다. 그래도 마음속으로는 동경과 호감이 있었던 것 같다.

그녀가 화려하고 예쁘게 성장한 것은 집안 내력이었다. 그녀의 아버지는 목사로서 강신석 목사, 윤영규 장로님과 한신대를 같이 다녔다. 아버지는 두 아들 다음에 태어난 그녀를 특히 귀여워했는데, 어렸을 때부터 예쁜 옷을 입혀서 교회 행사는 물론 목사님 모임까지 데리고 다녔다. 그녀는 학교를 졸업한 후 광주에서 유치원 교사를 하면서 무진교회에서 피아노 반주를 하였다.

그녀와 내가 가까워진 것은 1979년 9월경에 저지른 전남대 학생들 유인물 편지 사건이 계기였다. 당시 나는 교회 피아노 반주자이자 주보 인쇄 담당자였던 그녀에게 도움을 청하여 등사기도 빌리고 필경도 시켜 유인물을 인쇄하였다. 500여 통의 유인물 편지를 봉투에 담아 진주, 하동과 구례에서 우체통에 넣었다고 앞서 이야기했는데, 나와 그녀는 젊은 연인이 데이트하는 것처럼 위장하며 돌아다녔다.

세상 물정 하나 모르는 그녀에게 시국 관련 유인물 등사를 맡긴 것은 나름대로 믿는 구석이 있었다. 그동안 무진교회 청년회 성경 공부 자리에서 목사님이 민주화운동에 대해 호의적으로 강론을 많이 하셔서 그녀가 거부하지 않으리라 생각한 것이다. 내 예상대로 그녀는 나의 제안을 거부하지 않고 적극적으로 도와줬다. 지금 돌아보면 무모하게 저지른 사건이지만, 한편 그녀와의 운명적인 첫 만남이었다.

10월 22일, 전남대 상담지도관실 방화 사건 조사 과정에서 밝혀진 유인물 편지 사건 때문에 나는 율어중학교에서 형사들에게 체포되어 광주 서부경찰서로 끌려왔다.

나는 심한 구타와 고문을 받으면서 유인물 편지 사건에 도움을 준 윤명숙의 이름을 대고 말았다. 등사기를 어디서 구했으며 편지 봉투 글씨체가 내 글씨체와 다르다고 추궁당해 그녀의 이름을 댈 수밖에 없었던 것이다. 아무것도 모르고 집에 있던 그녀도 갑자기 서부경찰서로 연행되었다. 형사들은 취조 과정에서 나와 윤명숙이 애인 사이인 것으로 기정사실화하여 추궁했다. 취조가 끝나고 유치장에 들어가니 이미 조사가 끝난 여러 후배들과 윤명숙이 갇혀 있었다. 나와 윤명숙은 다른 감방에 갇혔다.

유치장을 지키고 있는 경찰들이 우리 처지를 안타깝게 여기며 동정했다. 그래서 유치장에 갇혀 있는 우리가 대화를 나누어도 심하게 제지하지 않았다. 조사가 끝난 선후배들이 유치장으로 들어올 때마다 윤명숙이 선창으로 우리의 노래를 불러주었다. 노래 제목이 '쿰바야 마이 로드 쿰바야'였다. 영어로는 'Come by here my Lord come by here', 우리말로는 '주여 오소서', 혹은 '여기 오소서, 내 주여!'라는 복음성가였다. 기독학생회 활동하면서 많이 불렀고, 단순한 운율 때문에 모두들 쉽게 따라 할 수 있었다.

> "쿰바야 마이 로드 쿰바야/쿰바야 마이 로드 쿰바야
> 쿰바야 마이 로드 쿰바야/오, 로드 쿰바야."
> "여기 오소서 내 주여/여기 오소서 내 주여/
> 여기 오소서 내 주여/오, 주여 오소서."

그 가사에 이름을 붙여 노래를 불러주었다.

"윤한봉 위에 오소서/윤한봉 위에 오소서

윤한봉 위에 오소서/오, 주여 오소서."

그 노래로 그렇게, 신영일, 고희숙, 박유순, 김경희, 신민정, 박병기… 등 40여 명의 이름을 불러주었다. 모두들 내색은 하지 않았지만 마음속으로는 피눈물을 흘렸다.

경찰서에 연행되었다는 소식이 부모님께 전해지자 그녀 집안이 발칵 뒤집히고 말았다. 그녀의 아버지가 경찰서에 방문하여 무슨 일인지 묻자 형사들은 "당신 딸이 엄청난 불순분자의 꼬임에 넘어갔다"며 앞으로는 그런 사람과 절대 만나지 못하게 하라고 했다고 한다. 며칠 후 나는 기소되어 재판 받기 위해 광주교도소로 넘어가고, 그녀는 단순 가담으로 간주되어 아버지께서 각서를 쓰고 훈방되었다.

12월 7일, 긴급조치 9호 해제로 광주교도소에서 석방되어 다시 학교로 출근하게 된 나는 그때부터 윤명숙과 이성 친구로 사귀기 시작하여 진짜 애인이 되었다. 우리는 주말마다 만나면서 결혼을 약속하고 데이트를 즐겼다. 그리고 다음 해 7월 17일 제헌절 날 YWCA 강당에서 결혼식을 올렸다.

주례는 해남읍교회 이준묵 목사님이 맡아 주셨다. 5월 항쟁의 흔적이 채 가시기 전인 7월에 결혼하자니 너무 송구했지만 결혼을 미룰 수 없었다.

많은 선후배 동료가 죽고 다치고 갇히고 수배당하고 있는 상황에서 죄인처럼 결혼식을 치렀다. 양가 친척과 친한 선후배들만 모신 조

1980년 7월 장석웅, 윤명숙 결혼

출한 자리였다. 5월 항쟁에서 살아남은 사람들이 참석해서 축하해주었다.

주춤주춤 서로의 안부를 묻고, 주변의 안부를 묻고, 때로는 한숨을 쉬고 때로는 가슴을 치고 때로는 안도의 한숨을 내쉬기도 했다.

결혼 드레스도 가장 소박한 것을 골랐고, 살림살이는 아주 간소하게 약간만 장만했다.

하객들께는 옛 동구청 내 식당에서 설렁탕·곰탕을 대접하고, 친구와 후배들에게는 증심사 광원식당에서 닭백숙으로 신고식을 하고는 택시를 타고 대인동 터미널로 가서 선운사행 버스에 몸을 실었다. 비가 많이 내렸다.

선운사 앞 여관에서 첫날밤을 지내고 다음 날은 동호해수욕장 민박집에서 잤다. 이 민박집은 허름하기 이를 데 없어 밤에 쥐들이 천장에서 운동회를 하는 것 같았다.

멋쟁이이고 화사한 스타일의 아내에게 미안하기 짝이 없었다. 일생에 한 번 있는 결혼식에서 가장 멋을 내고 한껏 축복과 찬사를 받아야 함에도 그럴 수밖에 없어서 너무도 미안했고 비감했다.

그녀의 부모님은 내가 교사라지만 곱게 키운 딸을 광주 재래시장의 허름한 떡집 아들에게 시집보내는 것이 그리 달갑지 않았을 것이다. 더구나 4형제 맏이에다 부모를 모셔야 할 형편이다.

결혼식을 앞두고 나중에 장인이 된 그녀의 아버지께서 따로 나에게 "장 서방만 믿고 내 딸을 맡기니 잘 보살펴 달라!"고 말씀하시며 눈물지으셨다. 사랑하는 딸에 대한 아버지의 간곡한 마음이 전해져 가슴이 뭉클했다.

결혼 후 전교조가 참여하는 각종 집회나 가두시위 때면 나는 마이크를 잡고 사회를 보거나 분위기를 주도하고 아내는 신디사이저로 반주를 했다.

피아노를 전공한 양갓집 처녀는 남편이 해직된 후에는 피아노교습소를 열어 생계를 책임졌고, 전교조 집회나 재야단체 집회 때면 사회를 맡은 나와 반주자로 호흡을 맞추었다.

윤명숙의 진면목은 1992년 내가 '민주주의민족통일 광주전남연합' 사무처장을 맡으면서 도드라졌다. 당시는 반 노태우 투쟁이 한창일 때로, 한 달에 한두 번 광주 시내 거리에서 대규모 시위가 벌어졌다. 당시 연단은 1톤 차 위였다. 나는 사무처장으로 사회를 보고 아내는 휴대용 신디사이저로 반주를 했다. 집회를 하고 있으면 백골단이 최루탄을 쏘며 쳐들어온다. 그러면 주변 상가에 꽂아놓은 전원 코드를 빼고 차는 뒤로 후퇴한다. 다시 전열을 정비하여 주변 상가에 전원을 연결하고는 내가 마이크를 잡고 아내는 신디사이저를 치며 집회를 진행했다. 싫은 내색 없이 최루가스를 마시며 '오월의 노래', '임을 위한 행진곡'을 반주하며 시위대의 사기를 북돋웠다.

이런 숨바꼭질을 하루에도 여러 차례 했다. 끝나고 집에 오면 식구들이 모두 재채기하고 난리가 났다. 최루가스가 머리까지 묻어 있었기 때문이다.

생계형 피아니스트이던 아내는 어느덧 거리의 투사가 되었다. 남편 잘 만나서….

3

교육운동

문영숙

1973년 대학 1학년 때, 학교 농악반에 들어갔다. 왠지 농악이 좋았고 흥겨웠다. 반원은 대부분 농대생이고, 사범대생은 나 혼자였다. 왕따 느낌이 있었다. 북을 쳤다. 행사에는 나서지 못하고 행진할 때 '농자천하지대본' 깃발만 들고 다녔다. 1학기 지나고 그만두었다. 그 후 대학 문화패 후배들을 알고 지내면서 어깨너머로 풍물을 배우고 관심을 가졌다. 발령 받은 후 1982부터 Y교협 선생님들과 '일과 놀이' 및 광주의 유명 농악기능전수자로부터 연수를 받았다.

1983년 3월 1일, 국어 교사가 새로 부임해 왔다. 문영숙 선생님이다. 전통문화에 관심이 많고 기능도 출중한 문 선생님과 학교문화에 대해 많이 고민했다. 서구 지향적이며 감각적이고 소비적인 대중문화에 방치되다시피 한 청소년 문화와 학교문화의 오늘과 내일을 심히 우려하면서, 학교가 이러한 폐해를 극복하고 새로운 학교문화 조성의 중심에 서야 한다고 생각했다.

모든 교육과정을 비롯한 교육활동이 바람직한 학교문화와 가치관

형성의 관점에서 이루어져야 한다고 생각했다. 우리는 민속을 중심으로 하여 새로운 학교문화의 가능성을 찾으려 했다. 겨울방학과 봄방학 때 Y교협 선생님들과 약 한 달간 탈춤·사물·민요 등의 심화연수를 받았다.

1984학년도 학기가 시작되면서 첫 단계로 상설민속반을 조직·운영하였다. 교장선생님께 설립 취지와 계획을 말씀드렸더니 대체로 환영하셨다. 필요한 사물 구입은 학교 예산상 지원받을 수 없기에 육성회에 도움을 청하여, 약 15만 원으로 꽹과리 네 개, 장구 세 개, 북두 개와 징 한 개를 갖추었다.

학기 초 클럽활동 부서에 상설민속반을 신설하고 전 학년에 걸쳐 지원자를 모집한 결과, 약 40명이 지원하여 주 1회 정규 클럽활동 시간에 운영했다. 그중 1, 2학년 학생들을 중심으로 25명을 뽑아 날마다 방과 후에 연습했다. 성적이 우수한 학생이나 모범생은 거의 없고 대체로 교사들의 관심에서 소외된 학생들이었으나, 아주 열성적으로 참여했다.

주로 노래·탈춤·민요·풍물·민속춤 등을 학교현장에 알맞게 재구성하여 익혔는데, 단순한 기능 연마보다는 그 속에 담긴 의미와 정신을 깨달을 수 있게 했다. 또한 상설민속반을 중심으로 하는 활동과 성과가 학교 전체로 확산될 수 있게 노력했다.

개교 11주년 기념행사를 맞이하여 그간 준비한 것을 발표하기로 했다. 일반적으로 학교에서 열리는 체육대회나 그 밖의 행사는 선발된 소수 학생들 위주로, 대다수 학생은 소외되고 국외자의 위치에 머물러버리며, 지역사회나 주민들의 참여도나 호응도 역시 미약한 감이

보성 율어중학교 전경(1984년)

있다.

그래서 우리 학교에서는 이런 문제점을 극복하고자 민속 중심의 다양한 프로그램을 개발하여 하나의 큰 놀이판이 될 수 있게 했다. 보여주는 행사, 행사를 위한 행사, 참가자와 관중이 분리된 행사가 아니라, 지역사회 축제로서의 가능성까지 의도했다.

먼저 행사 주 담당 교사들(국어, 국사, 체육, 미술 담당)이 대강의 프로그램을 논의한 뒤 직원회의를 거쳐 전체적인 방향과 종목 등을 확정 지었다. 육성회에서도 본 계획을 전폭적으로 지지하고, 필요한 경비를 전 학부모들이 부담하기로 했다. 행사 날짜를 5월 18일로 정하고 각 프로그램 담당 교사를 배정하여 연습에 들어갔다.

오전 종목은 일반적으로 학교 체육대회에서 많이 행해지는 것으로, 집단의 조화미를 보여주었다. 오전 마지막 종목인 탈춤판에서부터 민속 분위기를 잡기 시작하여 점심 직후 가장행렬의 난장을 거쳐 오후 내내 민속놀이의 연속으로 주민들의 흥을 고조시켜 뒤풀이의 여흥으로까지 몰았다.

전체적으로 먼저 간단한 의식[기념식] → 집단의 조화미 추구[매스게임] → 난장[탈춤·가장행렬] → 민속판 → 뒤풀이의 순서로 진행했다. 전교생이 참가한 종목으로는 입장식·매스게임·가장행렬이 있는데, 입장식과 가장행렬은 학급별 대항으로 다양하게 진행되었으며, 그 외 종목은 집단을 나누어 이어갔다. 또한 지역 특성을 살리고 지역 주민이 참여하는 경기를 넣어 주민들의 참여와 흥미를 유도했으며, 농악과 뒤풀이를 절정으로 하여 전체 순서를 마쳤다. 에어로빅은 민속놀이와 대비시킴으로써 요즘 유행하는 청소년 문화의 한 형태를 보여주기 위한 것이었다.

가장행렬의 난장은 산신굿으로 이어졌다. 전교생은 가장행렬 복장 그대로 산신굿이 진행되는 운동장 구령대를 중심으로 둘러앉아 굿판에 참여했다. 굿이 미신이 아니라 우리 생활의 한 부분으로서, 행사의 한 의미 있는 부분으로서의 가능성을 과감하게 살리려 한 것으로, 본교 뒷산인 선랑산仙郎山 산신에게 고사를 지낸 다음 30분간 굿판을 벌였다.

선랑산 산신굿 대본은 문영숙 선생님이 썼다. 축문은 다음과 같다.

유세차 일천구백팔십사 년 오월 십팔일 전라남도 보성군 율어면 문양리 율어중학교에서 개교 십일 주년을 맞이하여 선랑산 산신님께 비옵나이다. 녹두장군님께 비옵나이다. 안규홍 의병장님께 비옵나이다. 농사짓다 저승 가신 우리 조상님께 비옵나이다.

우리 농촌 가난귀신, 도회지로 떠나는 귀신 물리쳐서 우리 농민 농사짓는 보람을 내려주시옵고, 시험귀신 물리쳐서 우리 학생들 참된 교육받아 이 농촌을 지키는 힘 있는 젊은 이로 키워주시기를 간곡히 비옵나이다.

산신님이시여, 훌륭하신 조상님들과 더불어 이 자리에 내리시어 오랜만에 찾은 학교 민속제에 함께하여주시기를 바라옵나이다. 상향.

문영숙 선생님이 무당으로, 여학생 세 명을 애기 무당으로 하여

판이 벌어졌는데, 판이 고조됨에 따라 학생들이 굿판에 뛰어들어 흥에 겨워 춤을 추었다.

처녀 선생이 무당으로 분장하여 굿을 벌였으니 한편 놀라고 한편 강한 친밀감을 느껴서인지, 특히 주민들의 호응은 놀라울 정도였다. 굿의 진행과 대본도 학교현장에 맞게 재구성했다. 아무튼 이 산신굿을 통하여 우리 정신의 뿌리를 확인했으며, 굿의 가능성에 대한 많은 시사점을 함께 돌아보게 되었다.

문 선생님은 강강술래 매기는 소리도 개사하여 주민들의 호응을 끌어냈다.

아들선호 사상을 남녀평등 사상으로
딸만 둘 낳았어도 곱게곱게 야무지게
활달하게 재능 살려 남자여자 평등사회

임을 그리는 내용 대신 공장 떠난 언니를 그리는 내용으로
새벽서리 찬바람에 철야근무 고생소식
쉰죽 새야 쉰죽 새야 편지 한 통 전해주소
고향 떠난 우리 언니 보고지고 보고지고

남북이 한 핏줄임을 그리는 심정
둥실둥실 밝은 달은 남녘 땅과 북녘 땅에
한 덩이로 비추련만 저 달 따라 남북 동포
시집가고 장가가고 한나라로 뭉쳤으면

여자들이 일하면서도 소외당하는 고통
밤새 내내 뜬눈으로 삼 한 근을 삼고 나니
어제저녁 먹던 밥을 접시국에 적셔두네
면사무소 스피커에 쌓인 부채 독촉하면
우리 아빠 울 엄마께 성화소리 높아가네

안담살 의병장군(보성 출신 의병장)의 일생
산아 산아 동소산아 안담살이 기른 산아
아배 잃어 홀어머니 열 살 되어 깔담살이
머슴으로 청년 되어 항일의병 나섰구나
이산고개 저산고개 시원스레 물리쳤네
홀어머니 못 잊어서 보고파서 가는 길에
왜놈한테 잡혀가서 감옥에서 순절했네
엄마 되면 엄마 되면 의기 넘친 아들 낳세
나라사랑 하는 사람 높고 낮음 있을손가

농촌살림 일으키자는 내용
하늘님네 나랏님네 농촌 땅을 천시마소
우리 부모 땀 흘린 값 빚 안 되게 하여주소
우리나라 복되려면 농촌살림 일으키세

통일의 아침
아리랑 아리랑 아라리요

보성 율어중 민속반 아이들과 함께(1983년)

소풍 가서 아이들과 함께(1982년)

아리랑 고개를 넘어간다
분단된 한반도 조망이여
남과 북 한동네 평화나라
통일을 이루자 통일을 이루자

― 술래꾼 합창

마지막 순서는 풍물놀이였다. 25명의 학생 풍물패에 교사들도 복
장을 갖추어 잡색으로 끼어들어 진풀이로 마지막 순서인 마당을 신
명나게 밟아대자 학부모와 지역 주민들도 참여하여 열기와 흥분이
최고조에 달했다. 몰려드는 사람들 때문에 진풀이가 앞으로 나아가
기 힘들 지경이었다.

학생들의 풍물놀이가 끝나자, 풍물은 주민들의 손으로 넘어가 급
조된 주민농악대의 뒤를 따라 운동장을 돌며 춤과 어우러졌다. 수백
명의 주민이 대형 원을 그리며 운동장을 도는 가운데 운동장 구석구
석에는 주로 부녀자들이 10여 명씩 둘러서서 손뼉을 치며 트로트 노
래와 함께 여흥 판이 벌어졌다.

이러한 여흥 판은 날이 어둑할 때까지 계속되어 교사들의 만류로
간신히 끝낼 수 있었다. 이 뒤풀이를 통해 학생·교사·주민이 일체감
을 맛보는 가운데 행사가 막을 내렸지만, 뒤풀이가 대동놀이 형식을
빌려 사전 준비된 가운데 좀 더 다양하게 진행되지 못했다는 아쉬움
이 남았다.

가령 농악대의 뒤를 따라 손잡고 강강술래나 진풀이가 자연스럽게
이루어진다든지, 진도아리랑 등의 민요를 같이 부르는 가운데 어깨

춤판을 이룬다든지 하는 것 등이다. 이 뒤풀이를 통하여 학교 행사가 지역사회의 축제로까지 나아갈 수 있다는 것을 확신했으며, 새로운 형식의 놀이판이 개발되어야 할 필요성을 더욱 절감하게 되었다.

행사 후 나는 율어 지역에서 유명인사가 되었다. 문영숙 선생님이야 더 말할 나위가 없었다. Y교협 연수에서 사례 발표를 했고, 이 내용을 파악한 사계절출판사에서 연락이 왔다. 사계절출판사는 당시 《교육현장》이라는 교육전문 무크지를 준비하고 있었다.

《교육현장》 창간호에 나와 문 선생님 이름으로 〈새로운 학교문화의 수립을 위하여-보성 율어중학교 민속제를 중심으로〉가 게재되었다. 당시만 해도 의식 있는 교사들은 전통문화에 관심이 많아 풍물반을 만들고 전통문화를 중심으로 한 학교문화를 고민하던 터인지라, 보성 율어중학교의 사례는 선구적인 것으로 받아들여지며 많은 관심을 불러일으켰다.

윤영규

대학에서 학생운동을 하다 교직에 들어온 나는 여러 가지로 정신적 압박을 느꼈다. 대학에서 제적되고 감옥에 갔다 온 후 사회운동을 하며 고생하는 선후배 동료들 보기가 미안했다. 1980년 5월을 생각하면 소시민적 삶을 살고 있는 것이 죄스러웠다. 교사로서 어떤 형태로든지 민주화운동에 기여해야 한다는 중압감도 컸다. 그러나 당시로서는 교사 신분으로 무엇을 해야 할지 알 수 없었다.

당시 나는 율어에서 살면서 한 달에 한두 번 광주에 와서 무진교회에 다녔다. 무진교회에서 여러분과 만났지만 특히 5월 항쟁으로 수감생활을 마치고 해직 상태였던 윤영규 선생님과의 만남은 내 삶에 중대한 영향을 끼쳤다.

윤영규 선생님은 무진교회 장로로, 나의 아내 윤명숙의 부친인 윤재만 목사님과 신학교 동기이자 절친한 친구였다. 아내가 어렸을 때부터 예뻐했고 아내도 선생님을 따르던 사이였다.

윤영규 선생님은 독실한 신앙인이자 투철한 실천가로 광주YMCA

활동도 하고 계셨다. 선생님을 만나 나는 신앙적으로 많이 성장했고, 우리 사회를 폭넓게 파악할 수 있는 눈을 미약하게나마 갖게 되었다.

그러던 차에 교원노조의 씨앗이라고 할 수 있는 '한국YMCA중등교사협의회'(이하 Y교협)가 1982년 1월 5일 창립되었다. 서울에서 Y교협이 결성되자 광주에서도 YMCA 회원이면서 교육에 대한 소박한 뜻과 열정이 있던 윤영규, 고진형, 염동련, 정해숙, 이경희, 최화자, 박남 선생님들이 광주 Y교협을 결성했다.

1983년 나는 무진교회에서 만난 윤영규, 고진형 선생님의 권유로 광주 Y교협에 가입했다. 당시 보성 율어에서 한 달에 한두 번 부모님이 계신 광주에 왔기 때문에 Y교협 활동은 월례회에만 참석하는 정도였다. 한편으로 학생운동 후배로 교직에 진출한 이세천, 고희숙(창평고), 김정희(목포 영화중), 김인수(옥천여상) 선생님들과 정기적으로 모여서 진로를 모색하고 있었다. 우리는 관료적이고 폐쇄적인 학교현장이 숨 막히도록 답답했지만 당장 무엇을 해야 할지 알 수 없었다. 그렇지만 현장에 매몰되어 침묵하고 있을 수는 없었기에 자주 모이던 참이었다. 그러던 차에 광주Y교협이라는 교사들의 모임이 만들어졌다는 소식을 접하고 가입해서 활동을 시작했다.

1979년 대학에 입학하여 학생운동에 참여했던 안정애, 김경옥, 박주희, 문영숙, 안여숙, 조경자 등 후배들이 1983년에 대거 교사로 발령이 났다. 우리가 후배 교사들에게 Y교협 활동을 권유하자 그들은 적극적으로 참여했다. 1984년 들어서면서 초창기 창립을 주도했던 윤영규, 정해숙 등 원로 그룹, 그리고 오창훈 임일택 등 중견 선배교사 그룹과 학생운동 경험이 있는 나와 이세천, 고희숙 등 젊은 교사

그룹으로 광주 Y교협 활동가는 20여 명에 달했다.

광주 Y교협 회원들은 매주 구 시청사거리에 있던 무진교회에 모여 교육민주화와 관련된 서적을 구해서 학습 세미나를 했다. 교육현장과 교육 문제를 새로운 시각으로 바라보자는 취지였다.

당시 우리가 공부했던 책은 『페다고지』, 『학교는 죽었다』, 『탈학교의 사회』, 『교사와 권리』, 『일교조 연구』, 『해방 전후사의 인식』, 『4·19 교원노조』, 『들어라 양키들아』, 『자본주의 사회와 교육』, 『교육과 문화적 식민주의』, 『인간의 벽』 등이다.

그중에서도 일본 작가 이시카와 다쓰조가 쓴 소설 『인간의 벽』은 지금도 세세한 내용까지 기억할 수 있을 정도로 아주 감명 깊게 읽었다. 이혼한 여교사가 전후 어려운 상황 속에서 아이들을 헌신적으로 사랑하고 돌보며 일본 교원노조 운동에 참여하여 뛰어난 활동가로 변화해가는 과정을 그린 소설이다.

1984년 9월, 담양에 있는 한재중학교로 발령이 났다. 한재중학교는 담양의 대치라고 하는 대전면 소재지에 있는 학교로, 광주에서 버스로 30분밖에 걸리지 않는 곳이었다. 수업이 끝나면 광주에 일찍 들어올 수 있어서 그때부터 광주 Y교협 총무를 맡으며 본격적인 활동을 하게 되었다. 그때는 집행부에 사무국장 직함이 없이 총무 체제였다. 당시 윤광장 선생님이나 오창훈 선생님 등이 회장을 맡았고 총무인 내가 2, 3년 동안 실무를 맡아 운영했다.

Y교협이 활성화되면서 전국적으로 20개가 넘는 지부가 조직되었다. 전남에서 1984년 11월 '목포 Y교협'이 창립되고, 1985년 7월 군

단위로는 최초로 김경옥, 박주희, 주진평, 김시웅 등 젊은 교사들이 중심이 된 해남 Y교협이 출범했다. 연이어 순천(1985년)에서 Y교협이 결성되었다. 광주 Y교협이 중심축 역할을 하며 전남 각 시·군 Y교협이 든든한 토대가 되었다. 광주·전남 Y교협의 연대는 전국에서 단연 손꼽힐 정도였다. 1982년부터 Y교협은 「민주교육」이라는 제호의 회보를 창간하여 1987년 5월 10일까지 총 15호를 발행했다. Y교협 각 지부에서 회보를 만들었는데, 광주 Y교협에서는 「전인」, 목포지부에서는 「교육현장」이라는 회보를 발행했다.

대학을 갓 졸업한 젊은 교사들이 Y교협에 많이 가입해서 활동하다 보니 모임이 활력이 넘쳤다. 자연스럽게 젊은 교사들 중심으로 활동이 전개되었다. 윤영규, 박남, 고진형 등 선배 교사들이 젊은 후배 교사들에게 "자네들이 생각하는 대로 하세. 혹시 무슨 문제가 생기면 우리가 책임지겠네"라며 전폭적으로 신뢰하고 밀어주었다. 젊은 교사들이 자유롭게 활동할 수 있도록 든든하게 의지할 언덕이 되어 준 셈이다.

Y교협은 매년 연수회를 통해 회원들의 친교는 물론 조직의 활동 방향을 정했다. 연수회 주제는 1983년 '역사와 교육', 1984년 '교사와 교육권', 1985년 '인간화 교육', 1986년에는 '교육의 민주화'로 정했다. 1986년 연수회에서 결정된 주제 '교육의 민주화'를 공식적인 임원회의에서 채택하여 5·10 교육민주화선언이 나온 것이다. Y교협 지역지부 단위로 5월 10일을 자체 '교사의 날'로 정하고 선언 발표를 하기로 했다.

1986년 5월 10일, 선언대회 날이 다가오자 교육 당국의 온갖 노골적인 방해책동이 나타났다. 1979년 유인물 편지 사건으로 구속된 전력이 있는 나는 보성 율어중학교에 근무할 때부터 지서의 순경이 주기적으로 감시를 해왔다. 담양 한재중학교로 옮긴 데다 광주 Y교협 총무를 맡은 후부터는 광주경찰서 정보과 형사가 사전 약속도 없이 불쑥불쑥 찾아오며 사찰을 했다.

5·10 교육민주화선언일에 먼저 행사장에 가서 준비하려고 조퇴를 신청했는데, 교장선생님이 허락하지 않은 상태에서 고등학교 후배라며 안기부 요원이 학교로 찾아왔다. 오후 5시쯤 교장선생님과 안기부 요원이 저녁 먹자면서 강제로 끌고 납치하다시피 하여, 대치에 있는 식당으로 데리고 가는 바람에 연금 상태에 처하게 되었다. 저녁이 되어 행사가 끝날 때쯤에야 풀려났다. 급히 광주에 와보니 행사가 끝나 모두들 무등산 아래에 있는 식당에 모여 있다고 하여 늦게 합류했다.

나 외에도 행사 전날인 금요일부터 Y교협 회원들에게 선언대회에 참가하지 말라고 강요하고 당일 학교에 연금하거나 장학사들이 행사장 입구에 지키고 있다가 교사를 끌고 가기도 했다고 한다.

식당에서 교육민주화선언문을 받아 찬찬히 읽어보았다. 서울 Y교협 김민곤 선생님이 썼다고 하는데, 명문名文이었다.

그날 YMCA 입구에는 도교육위원회 장학사 부대와 교장, 교감들이 장사진을 친 데다 2층 백제실 앞에는 정보과 형사들이 들락거리는 것이 눈에 훤히 드러날 정도였다고 한다. 50~60여 명이 참석한 행사는 오후 4시 30분부터 살벌한 분위기에서 시작되어 나중에는 비장한 분위기 속에 '상록수'와 '아침이슬'을 부르면서 서명이 이어졌다. 그렇게 5·10 교육민주화선언에 전국 546명, 광주 Y교협 회원과 비회원 87명이 서명에 참여했다.

'5·10 교육민주화선언'은 언론에 널리 알려져 전두환 철권통치하에 있던 사회 전체에 충격을 주었다. 교육민주화의 도도한 흐름이 시작된 것이다.

오창훈, 임일택

　광주 Y교협에서 고등학교 2년 선배인 오창훈, 임일택 선생님을 만났다. 오창훈 선생님은 1983년 창평고 재직 중 고희숙 선생님의 권유로 Y교협에 가입했다. 임일택 선생님은 오창훈 선생님의 권유로 1984년부터 활동을 시작했다.

　두 분은 정의파이자 양심적인 교사로, 학교현장에서 저질러지는 각종 비리를 지켜보며 답답해하던 차에 Y교협을 알게 되어 활동을 시작한 것이다. 두 분은 편협하지 않고 넉넉하고 따뜻했다. 젊은 후배들에게 많이 배운다며 늘 겸손했고 후배들을 잘 챙겼다. 특히 나는 두 선배님과 배짱이 잘 통했다. 우리 셋은 격동의 교육운동 시기에 회의나 행사가 끝나면 술잔을 기울이며 울분과 격정을 토로했다.

　오창훈 선생님이 살아온 과정은 우리나라의 비극적인 현대사를 다룬 한 편의 소설과 같다. 오 선생님은 한국전쟁의 와중에 9남매의 막내이자 유복자로 태어났다. 그가 어머니 뱃속에 있을 때 48세인 아버지와 23세인 큰형님, 14세인 형님까지 세 분이 한꺼번에 죽고 말았다. 전쟁의 화마火魔를 피하기 위해 세 부자가 장성 삼계에서 황룡으로 피난 가다가 군경 토벌대에 의해 사망하고 말았다.

당시 그곳에서 군경 토벌대가 민간인을 많이 죽였다. 현재까지 시신을 찾지 못했다. 큰형님은 광주고보를 졸업하고 교사로 있었다.

노무현 정부 시절 생긴 과거사위원회에 세 분 죽음에 대해 제소하여 10년 만인 2015년 대법원에서 승소하여 보상을 받았다.

오 선생님 가족은 6·25전란으로 피해를 입은 대표적인 사례다. 아버지 없이 어머니 혼자 7남매를 키워야 하니 집안 형편은 말로 표현할 수 없을 만큼 힘들었다. 누나들은 가사 도우미 생활을 하고 형님들도 뿔뿔이 흩어져 살아야 했다. 오 선생님은 아버지와 형님이 죽게 된 과정을 알게 되면서 민족과 통일에 대해 생각하게 되었다. 어렵사리 고등학교를 마치고 전남대 사범대에 진학했다.

그는 대학 시절 온갖 아르바이트를 했다. 그러다 4학년 2학기 때 지도교수의 소개로 옥과고등학교에서 강사로 근무했다. 졸업 후에는 정식 교사가 되어 옥과고등학교에 눌러앉았다. 1982년에는 광주 가까운 담양 창평고등학교로 옮겼다.

이듬해 창평고등학교에서 동료 교사 고희숙 선생님의 소개로 광주 Y교협에 가입했다. Y교협에서 고희숙, 김인수, 김보숙 세 분 선생님이 함께 교육법전 공부하는 모임에 합류했다. 그해 창평고등학교에서 고3 진학반을 맡아 늦게까지 수업을 해야 했다.

연일 격무로 귀가가 여의치 않았기에 그는 학교 근처에 방을 얻어 출퇴근했는데, 너무 힘들어 이듬해 광주 광덕중학교로 옮기고 말았다. 그때부터 본격적으로 광주 Y교협 활동을 시작했다.

Y교협에서 처음에는 연구부장을 맡았다. 연구부는 각종 학습모임과 방학 때 열리는 전국단위 캠프를 주관했다. Y교협 본부 캠프는 주로 경기도 의정부의 다락원에서 많이 열렸다. 그곳에서 다른 지역 교사들과 만나 토론하면서 같은 고민을 하고 있다는 사실을 확인하기도 했다. 자신과 같은 생각, 같은 운동을 하는 사람들이 있다는 것을 알게 되면서 힘이 솟구쳤다. Y교협 활동을 하면서 선생님은 '학교도 소중한 현장이다!'라고 확신하게 되었다. 나중에는 전국 본부 연구부장도 맡았다.

1986년에는 회장을 맡아 5·10 교육민주화선언을 성공적으로 마무리했다. 1987년 광주민주교사협의회가 창립된 후에는 사무국장을 맡았다. 그가 교협 사무국장으로 활동하던 당시 활발하게 전개된 투쟁은 교련敎聯탈퇴운동과 사립학교 기부금 폭로 및 반환운동이었다. 광주에서는 사립학교 기부금 반환투쟁이 성공적으로 전개되었다.

맨 먼저 진흥중학교에서 유양식 선생님이 터트리기 시작하여 반숙희, 최종희 선생님 등 많은 선생님으로 이어졌다. 덕분에 기부금을 반환받은 선생님들이 교협에 후원금을 제공하여 교협의 재정형편이 좋아졌다. 덕택에 널찍한 사무실로 옮길 수 있었다.

오창훈 선생님은 광덕중·고등학교에서 교육운동을 심고 가꾼 선구자다. 5·10 교육민주화선언에는 선생님 혼자 참여했지만 전교조가 조직될 때는 광덕중·고등학교 30명의 선생님이 참여했다.

정부에서 전교조 가입 교사들에게 탈퇴를 종용할 때 오 선생님은 사모님이 전업주부였기에 별다른 생계대책이 없어 탈퇴할 수도 있었다.

그러나 자신이 탈퇴해버리면 광덕중·고등학교 전교조가 무너질 수 있다는 생각 때문에 탈퇴는 꿈도 꾸지 않았다. 결국 전교조 해직사태가 일어나고 광덕중·고등학교에서 9명의 선생님이 해직되었다. 당시 전교조 광덕중·고등학교 분회는 오창훈 선생님이 지회장, 고익종 선생님이 조직부장이었다.

광덕중·고등학교에서 해직된 선생님들은 학교 앞에 문방구 겸 분회사무실을 내기로 했다. 문방구는 당장 돈을 벌어야 할 처지인 오창훈 선생님이 운영하기로 했다. 오 선생님이 퇴직금을 털어 학교 앞 사거리에 방 한 칸 딸린 점포를 세내어 문방구를 개업했다. 상호를 '분필과 칠판'이라고 정해 간판을 붙이고, 기둥에는 '전교조 광덕중·고등학교 분회'라고 새긴 가로 30센티미터, 세로 3미터 정도의 대형 나무간판을 붙였다. 나무간판은 해직당한 미술과 최상호 선생님이 며칠 동안 나무를 깎아서 만들었다. 그렇게 문방구를 시작했는데 하룻밤 자고 나니 애써 만든 나무간판이 사라지고 말았다.

화가 잔뜩 난 최상호 선생님이 나무간판과 똑같은 크기의 스티커를 주문해서 붙였다. 떼어 가면 또 붙일 요량으로 아예 100장을 제작했다. 다행히도 스티커는 떼어 가지 않았다.

해직 교사 중 가장 막내이자 총각인 고익종 선생님은 당장 지닐 방이 필요했다. 형님 집에서 곁방살이를 하고 있었는데 더 머무를 형편이 아니었다. 가게 안방은 고 선생님이 쓰기로 했다. 문방구는 오 선생님 생활터전이고, 전교조 분회사무실이자 고 선생님 하숙집이 되었다.

아침 일찍 오창훈 선생님이 문을 열어 고익종 선생님과 영업을 하고 오 선생님 사모님이 아침밥을 가져오면 둘은 식사를 하고 전교조 사무실로 출근했다. 문방구 낮 영업은 사모님이 맡아서 했다. 그렇게 오 선생님은 1년 반 동안 문방구를 운영했다. 그러다 문방구를 접고 족발집을 하게 되었다.

족발집은 고등학교 후배인 서석고 해직 교사 송홍근 선생님의 느닷없는 제안으로 시작되었다. 송 선생님도 해직 후 서석고 앞에서 문방구를 하고 있었다. 어느 날 송 선생님이 오창훈 선생님 가게에 와서 식당을 하자고 꼬드겼다.

"형님, 우리가 문방구를 해서 언제 돈을 벌겠습니까, 우리 식당을 한번 해봅시다."

"운암동에 해직 교사들이 족발집을 하는데 잘된다니까 우리도 염주동에 족발집을 차려봅시다."

그러고는 확답도 듣지 않고 가게를 물색해서 덜컥 계약을 해버렸다. 사람 좋은 오 선생님은 문방구를 정리하고 족발집을 개업했다. 그때 왕족발이 유행이었다. 족발집은 두 부부가 공동 투자해서 운영했다.

족발집은 해직 교사와 동료 선생님들이 단골손님이 되어 그럭저럭 운영이 되었지만 1년 6개월가량 지나 결국 문을 닫았다. 그동안 큰돈은 벌지 못했으나 아이들 학교 보내고 그럭저럭 먹고 살았다. 가게 정리하고 본전을 찾았으니 손해는 보지 않았다.

해직 시절 오창훈 선생님은 전교조 광주지부 수석부지부장을 맡았다. 처음에는 지부장이 될 뻔했다. 당시 전교조 광주지부에 '쓰리박'이라는 별명이 붙은 박재성, 박길우, 박형민 선생님이 오 선생님을 찾아와서 지부장을 맡아달라고 졸랐다. 오 선생님이 극구 사양하며 다른 사람을 찾아보라고 하다가 장휘국 선생님을 지부장으로 추대하고 자신은 수석부지부장을 맡게 되었다.

친구 따라 강남 간다고, 임일택 선생님은 오창훈 선생님 따라 Y교협을 거쳐 전교조 활동을 하다 해직되었다. 고등학교 동창인 임일택과 오창훈, 두 분이 다시 만난 것은 옥과에서였다. 임 선생님은 광주교대를 졸업하고 옥과초등학교에서 근무했다. 중등학교 교사를 하기 위해 조선대 사범대 야간을 다녀 교사자격증을 땄다. 그때 마침 친구인 오 선생님이 옥과중·고등학교에 근무했다. 그러다 마침 국어교사가 그만두게 되어 오 선생님이 임 선생님을 추천했다. 다음 날 교장선생님 면접에 합격하여 곧바로 출근하기 시작했다.

1984년 임일택 선생님은 오창훈 선생님 소개로 광주 Y교협 활동을 시작했다. 임 선생님은 광주 Y교협 활동을 하다 투사가 되어 많은 고초를 겪었다. 1986년 8월 31일, 민주교사 징계 규탄대회에서 시위를 하다 경찰에게 연행되었다. 1987년 전남교협이 창립될 때는 사무국장을 맡아 전교조 창립을 주도했는데, 1989년 결국 해직되었다.

임 선생님이 해직되어 전교조 전남지부 연대사업부장을 맡고 있을 당시 순천 효천고 학생들이 1990년 5월 18일 학교에서 5·18 민주항쟁 기념식을 했다.

그러자 학교에서 기념식에 참가한 학생 대표 22명에 정학 처분을 내렸다. 그 소식을 듣고 전교조 전남지부 임일택 선생님과 효천고에서 해직된 신근홍 선생님, 5·18 부상자 동지회와 순천지역 민주청년회 소속 청년회원들이 효천고 교장실을 방문하여 항의했다.

임 선생님 일행이 교장선생님께 "어른들이 못 한 일을 학생들이 했는데 표창은 못할망정 징계를 하면 되겠습니까?"라고 말씀드리니 교장선생님도 긍정적으로 대했다. 그런데 갑자기 행정실장과 교직원 수십 명이 우르르 교장실로 몰려와 방문한 일행을 향해 소리치며 행패를 부렸다.

이에 화가 난 순천 청년 중 한 명이 유리컵을 벽에 던져, 그 파편에 교직원 한 명이 이마를 1센티미터 정도 긁히는 사고가 터지고 말았다. 그러자 상처를 입은 피해자가 경찰에 고발하여 네 명의 대표가 공무집행방해 및 기물파손, 폭행죄로 순천교도소에 수감되고 말았다.

항의하러 갔던 임일택 선생님 일행이 갑자기 구속되었다는 소식을 듣고 나는 광주에서 순천경찰서를 거쳐 순천지검으로 달려갔다. 마침 담당 검사가 중·고등학교 동창이었다. 어렵게 찾아가 만나서 통사정을 했다. 그러나 담당 검사는 얼굴이 굳어진 채 어쩔 수 없다는 말만 했다. 당시 노태우 정권 치하에서 검사가 소신껏 하기 힘들겠다는 생각은 했지만 동창에게 매정하게 거절당하니 이루 표현할 수 없는 모멸감을 느꼈다.

임일택 선생님은 순천교도소 미결수로 있다가 한 달쯤 후 전교조에서 보석금을 내어 석방되었다. 석방된 후 임 선생님은 우리에게 교도소 체험담을 재미있게 이야기해주었다.

최근 TV에서 〈슬기로운 감방생활〉이라는 드라마가 인기리에 방영되고 있는데, 보통사람들이 체험하기 힘든 감옥 생활 이야기는 재미있기 마련이다.

폭력범들이 우글대는 감방으로 보내진 선생님은 잔뜩 긴장했는데, 폭력범들이 선생님 일행을 방장처럼 극진하게 대우했다고 한다. 그 모습에 선생님은 비록 폭력범들이 죄짓고 감옥에 들어왔지만 군부독재 하수인들보다 인간적이고 양심이 있다는 생각을 했다고 한다.

결혼한 누나를 괴롭힌다고 매형을 칼로 해쳐 감옥에 들어온 재소자가 재판이 끝나 다른 방으로 옮기면서 임일택 선생님에게,

"나중에 석방되어 사회에 나가면 선생님처럼 옳은 일을 하겠습니다"라고 인사하여 감동받았다고도 했다.

당시 선생님은 아침마다 교도소 창틀에 대고 민중가요를 부르며 구호를 외쳤다고 한다.

고등학교 동기동창인 오창훈·임일택 두 선생님은 양심적인 평범한 교사였다. 그러한 두 분은 시대의 흐름과 대중의 요구를 외면하지 않고 역사의 격랑에 뛰어들어 온몸으로 헤쳐 나갔다.

두 선생님 모두 Y교협 활동, 광주와 전남의 교사협의회 사무국장, 전교조 사무국장을 지내고 똑같이 해직되었다. 그 후 똑같이 복직하고 정년퇴직하였다.

두 선배님을 만나면 술자리가 길어진다. 나는 두 분을 정말 좋아하고 존경한다.

윤광장

1987년 9월 6일, 광주 금남로 YMCA 무진관에서 '민주교육추진 전남Y교사협의회'(약칭 전남교협) 창립대회가 열렸다. 광주 Y교협의 수차례에 걸친 치열한 토론을 거치고 전국 Y교협의 방침을 따라 전국에서 가장 먼저 선도적으로 자주적이고 대중적인 교사단체가 출범한 것이다. 초대 회장으로 윤광장 선생님이 내정되었다. 나는 편집위원장으로 임일택 사무국장을 도와 출범선언문과 회장 인사말 등을 준비하고 대회 개최 실무를 챙겼다.

회장으로 내정된 윤광장 선생님과 나는 한재중학교에 같이 근무하고 있었다. 1984년 9월 1일, 내가 담양 한재중학교로 전근 왔을 때, 이미 윤광장 선생님이 근무하고 있었다.

선생님은 1968년부터 교단에 섰으나 세 차례 해직되는 아픔을 겪었다. 1969년 박정희 정권의 3선개헌에 반대했다 하여 학교에서 쫓겨났으며, 1980년 5·18 민중항쟁 때 구속돼 군사법정에서 소요죄로 징역 2년 집행유예 3년을 선고받고 해직됐다가 한재중학교로 복직한 터였다.

그는 농업을 가르쳤고, 나와 같이 3학년 담임을 맡기도 했다. 윤 선생님의 동생은 전남대 민청학련 사건으로 구속되었던 민주청년운동가 윤한봉이다. 나는 윤한봉 선배와 함께 무진교회를 다녔으며, 함께 강신석 목사님께 세례를 받았다. 1979년 전남대 상담지도관실 방화 사건 때도 서부경찰서에 함께 연행되어 모진 폭행과 고문을 당했다. 우리는 조사 도중 10월 26일 박정희 시해 사건으로 사건이 축소된 채 교도소에 넘겨졌다가 긴급조치 9호가 해제되어 석방되었다.

나와 윤한봉 선배와의 인연도 작용했겠지만 윤광장 선생님은 끔찍이 나를 아껴주었다. 지도력과 강단이 있으며, 아이디어가 풍부하고, 젊은 교사들을 잘 포용했다.

전남교협 창립대회가 열리는 날 '흥분과 기대'를 갖고 전남 각지에서 교사들이 구름같이 모여들었다. 무진관은 수용인원이 500명 정도인데 1,000명이 넘는 교사들이 참가했다. 이웃 광주뿐 아니라 서울 등 전국 각지에서 생각보다 많은 분들이 모여든 것이다. 4·19 교원노조 이후 최초의 자주적 교원단체 창립은 일대 사건이었다. 윤광장 선생님을 만장일치로 초대 회장으로 추대했고, 사무국장은 임일택 선생님이 맡게 되었다 창립선언문을 채택하고 오종렬 선생님의 만세삼창으로 폐회했다. 끝나고 충장로를 비롯한 시내 곳곳에서 오랜만에 만난 전남 각 지역 선후배 교사들은 밤늦도록 통음하며 감격을 나누고 각오를 다졌다.

"오랜 침묵과 기다림 속에서 흥분과 기대를 억누르고, 우

리는 오늘 확실한 한 걸음을 내딛는다. 우리 앞에 놓인 역
사적 책임에 무심했고 시들어가는 어린 학생들을 교육이라
고 말하며 진실을 회피했던 지난 시간을 참회하면서 무겁
게 한 발을 내딛는다. 눈 뜨고 볼 수 없는 교육계의 부패와
비리, 뿌리를 드러내기 어려울 만큼 얽히고설킨 교육의 제
반 모순을 풀기 위해 우리들의 힘을 결집한다."

전남민주교육추진교사협의회 창립선언문 첫 단락이다. 마지막 단
락은 이렇게 마무리되었다.

"이젠 명확해졌다. 교육 문제는 교사가 해결할 수밖에 없
고 교사가 문제를 해결하는 데 갖고 있는 힘은 단결뿐임이!
눈앞에 산적한 교육 문제를 남의 손에 맡기는 방관자에서
벗어나, 해결될 수 없다는 패배주의에서 벗어나, 2만 전남
교사여 단결하자! 전남교협의 깃발 아래로 단결하자!
　단결된 힘으로 참교육을 실현하고 우리의 권리를 확보해
나가자!
　전남교협 만세! 민주민족교육 만만세!!"

전남교협 창립 이후 나는 눈코 뜰 새 없이 바빴다. 당시 수업을 1주
일에 27시간이나 했다. 보충수업까지 합해 30시간이 넘었다. 그럼에
도 가장 먼저 수기동 광주극장 옆에 있는 사무실로 퇴근했다. 당시
사무실은 20평도 안 되었는데 광주교협과 함께 사용했다. 퇴근 시간

이 되면 광주 시내 선생님들이 몰려와 사무실이 꽉 찼다. 사무실이 비좁으니까 주변 카페나 식당 등에서 회의하고 일을 했다. 당시는 하루가 멀다 하고 지역 교사협의회가 창립되고 평교사회가 만들어져서 일이 많았다. 간사인 전남대학 사범대 출신 미발령 교사 김인순, 김건과 함께 거의 매일 밤늦게까지 일했다.

전남교협 때 기억에 남는 것은 '백두산 달력'을 만들어 판매한 일이다. 무진교회 강신석 목사님이 대표인 기독교문화선교원에서 백두산 사진을 담은 달력을 만들어 각 교회에 보급하고 있었다. 당시만 해도 다양한 형태의 백두산 사진을 접하기가 매우 어려울 때였다. 나는 상당한 금액을 판권조로 지불하고 전남교협과 광주교협 이름으로 1988년 달력을 만들어 교사들에게 판매하였다. 민족의 성산, 통일 염원의 상징인 백두산 사진과 그 밑에 큼지막하게 '전남교협', '광주교협' 이름이 박힌 달력은 큰 인기를 끌었다. 5,000부 정도의 판매 수익금은 사업비에 충당했는데, 사무실 이전에 큰 도움이 되었다.

1988년 1월, 충북 청원군 '매포수양관'에서 전국교사협의회 연수가 열렸다. 이 연수에서 청주대 강혜숙 교수님이 이끄는 춤패 '우리춤연구회'가 〈행복은 성적순이 아니잖아요〉를 공연했다. '시험풀이'라는 부제가 있는 이 작품의 제목 '행복은 성적순이 아니잖아요'는 1986년 입시지옥 속에서 스스로 목숨을 끊은 'O' 양의 유서에서 따온 것으로, 무한 경쟁 입시를 치러야 하는 교육 현실을 고발하고 교육개혁의 열망을 담고 있었다. 공연 중 조명을 끈 상태에서 낭독하는 유서는 많은 이들을 울리며 각성하게 했다.

난 1등 같은 것은 싫은데…
앉아서 공부만 하는 그런 학생은 싫은데,
난 꿈이 따로 있는데, 난 친구가 필요한데…
이 모든 것은 우리 엄마가 싫어하는 것이지.

난 인간인데
난 친구를 좋아할 수도 있고,
헤어짐에 울 수도 있는 사람인데.
(…)
공부만 해서 행복한 건 아니잖아?
공부만 한다고 잘난 것도 아니잖아?
무엇이든지 최선을 다해 이 사회에 봉사,
가난하고 불쌍한 사람을 위해 조금이라도 도움을 주면
그것이 보람 있고 행복한 거잖아.

꼭 돈 벌고, 명예가 많은 것이 행복한 게 아니잖아.
나만 그렇게 살면 뭐 해?
나만 편안하면 뭐 해?

행복은 성적순이 아니잖아?
난 그 성적순이라는 올가미에 들어가
그 속에서 허우적거리며 살아가는 삶에 경멸을 느낀다.
(…)

공연을 본 후 강혜숙 교수님께 광주에서 공연할 것을 요청하여 쾌히 승낙을 받았다. 내가 실무자가 되어 홍보물을 만들고 송문재 광주교협 회장 등 선배 선생님들은 여기저기 발품을 팔며 후원을 받았다.

1988년 4월에 광주YMCA 무진관에서 공연이 열렸다. 1부는 '소리모아' 김원중의 공연, 2부 춤패 공연으로 짜였다. 2회에 걸쳐 연인원 2천여 명이 관람하여 대성황을 이루었다. 대다수가 처음 접하는 무용극 형식이지만 모두가 공감하고 감동을 느끼게 되었으며, 척박한 교육 현실과 교육운동의 필요성에 대한 인식을 높여주었다.

과연, 오늘 교육 현실은 이보다 더 나아졌는가?

4

해
직

한재중

1984년 9월 1일, 보성 율어중학교에서 담양 대전면 대치에 있는 한재중학교로 발령이 났다. 한재중학교는 광주 중심지에서 불과 15킬로미터도 되지 않는 가까운 거리에 있는 학교로, 학생 수가 천 명이 넘었다. 진월동에 있던 집에서 출근하려면 시내버스를 타고 대인동 한미쇼핑 근처에서 내린 후 15분 간격으로 다니는 10번 버스를 타고 30분쯤 가야 했다. 첫날 학교에서 선생님들과 인사하다가, 5·18 때 수습대책위원 활동으로 구속되었던 윤광장 선생님을 만났다. 윤 선생님은 해직되었다가 1984년 전두환 정권의 유화정책에 의해 한재중학교에 복직되었던 것이다.

한재중학교 학생들은 광주와 가까워 시내에서 대학생들 시위하는 것도 많이 보아 '임을 위한 행진곡' 등 민중가요도 쉽게 따라 불렀다. 나는 '에루아 에루얼싸' 같은 흥겨운 민중가요를 가르쳐 학생들과 함께 불렀다. 이곳에 왔을 당시 29세였던 나는 남자 교사 중에서 제일 젊었다. 그래서인지 학생들에게 인기가 높았다.

1983년 광주 Y교협에 가입했지만 보성 율어중학교에 다닐 때는 한 달에 한두 번밖에 광주에 오지 못해 열심히 참여하지 못했다. 한 재중학교로 옮기고 광주에 살면서부터는 Y교협 활동에 적극적으로 임했다. 그곳에서 좋은 선생님들을 많이 만났다.

1987년 6월 항쟁 당시 광주 시내에서는 날마다 시위가 벌어졌다. 대학생은 물론 직장인과 일반 시민까지 연일 시위에 참여했다. 한재 중학교의 젊은 교사들도 참여했다. 오후 5시 수업이 끝나면 우리는 버스를 타고 대인동 한미쇼핑 앞에 내려 한미쇼핑 지하 스낵코너에서 랩과 마스크, 치약을 나누어 챙기고 시위에 합류하여 대학생들과 가두투쟁을 했다.

금남로에서, 혹은 태평극장 앞 광주천을 사이에 두고 백골단과 대치했다가 서현교회 너머 백운동까지 쫓기기도 했다. 그러다가 밤늦게 시위가 잦아들면 광주공원 앞 순대국밥집에서 무용담을 한참 떠들어대고는 막걸리 한 잔씩으로 목을 축이고 귀가했다. 가끔씩 그때를 생각하면 당시 시위에 함께 참여했던 선생님들 얼굴이 어른거린다.

1986년 5·10 교육민주화선언 발표 후 1987년 9월 5일 '민주교육추진전남교사협의회'(이하 민교협)가 창립되고, 9월 27일 '민주교육추진전국교사협의회'가 창립되었다.

1989년 5월 14일 전남대 강당에서 2,000여 명의 교사들이 모여 전남교원노조 발기인대회를 치렀다. 그날 내가 사회를 맡았다.

떨렸다. 선배님들이 전대 후문 앞 주점으로 끌고 들어가 막걸리 한

1989년 5월 14일 전남대 강당에서 열린 교원노조 발기인대회 사회자

잔을 먹였다.

"이젠 뱃심이 생길 거야."
"떨지 말고 잘해! 막걸리 힘으로 잘해!"

1,200석 규모인 전남대 대강당에 2,000여 명의 교사들이 모여들어 복도까지 가득 찼다. 교사들의 자주적인 조직을 만든다는 흥분과 기대와 설렘으로 분위기가 뜨거웠다. 종이피켓을 만들어온 학교가 있는가 하면 붉은 머리띠로 학교 표시를 한 교사들까지 모두 축제 분위기였다. 나는 타오르는 분위기에 부응하여 열정적으로 사회를 보았다. 나중에 '최고의 사회'라는 찬사를 들었다. 그날 집회에서 순서를 맡은 사람들은 주동자라 하여 5월 25일 모두 직위해제되고, 7월 5일 해직되었다. 나도 마찬가지였다.

동료 교사들이 내가 교원노조 발기인대회 사회를 보아 직위해제된 것은 복권 당첨된 거나 마찬가지라며 놀려댔다. 당시 교사들은 해직을 전혀 두려워하지 않았고, 오히려 해직으로 전교조 활동을 떳떳이 할 수 있게 되었다며 좋아하기까지 하는 분위기였다. 전교조 결성의 정당성을 확신하며 머지않아 곧 복직되리라는 믿음이 있었기 때문이다.

그해 6월, 도교육청에서 징계위원회 회의에 참석하라고 했는데 나는 가지 않았다. 도교육청 징계위원회 위원장이 이양우 학무국장님이었는데, 동중학교 은사님이었다. 동중 시절 영어를 가르치시던 이

선생님은 교실에 들어설 때면,

"하우 아 유, 아이 엠 양우리"라고 영어로 인사하셨다. 그러면 우리는 소리가 들리지 않게,

"양 우리, 돼지 우리, 소 우리"라며 낄낄댔다. 그것이 그분과 첫 번째 인연이다.

그분과 두 번째 인연은 1982년 친구 박관현이 단식투쟁으로 죽었을 때였다. 당시 나는 전남대병원 영안실에서 망자의 친구로서 건을 쓰고 분향을 인도하고 있었는데, 관을 탈취하는 경찰들에게 격렬하게 저항하다 연행되고 말았다. 연행된 대학생들과 동부경찰서를 거쳐 서부경찰서에 끌려가 2박 3일간 조사를 받았는데, 그때 도교육청 장학사가 찾아와서 경위를 조사해 갔고 나는 훈방되었다. 며칠 후 도교육청으로부터 출두 명령이 떨어졌다. 장학사와 경위서를 작성하고 중등교육과장과 면담했다. 그때 이양우 선생님이 도교육청 중등교육과장이었다. 나를 나무라지는 않고 "친구가 죽었는데 조문하는 것은 당연하고, 고생 많았네!"라며 격려해주셨다.

전교조 해직 때가 이 선생님과의 세 번째 인연이다. 징계위원회가 열리기 전날 밤 이양우 국장님 요청으로 한재중학교 교장선생님과 동행하여 식사를 하게 되었다. 식사를 하면서 선생님은 "내가 징계위원장으로서 자네를 해직 처분할 수밖에 없는 사정을 양해해주기 바라네. 모진 세상이네"라고 말씀하셨다. 잘못된 정치 때문에 은사와 제자가 갈라서야 하는 시대의 서글픈 단면이었다.

1989년 7월 5일. 해직 통보를 받고 책상을 정리하고 가방을 챙겨

선생님들과 작별 인사를 나눈 후 교문을 나섰다. 5년간 정든 학교와 사랑하는 아이들과 이별하게 되었다. 학생들과 작별인사를 나눌까도 했지만, 자극받을까 봐 그냥 교문을 나섰다. 교문에서 버스정류장까지는 백여 미터 되었다. 자꾸 학교 쪽을 돌아보았다. 진입로에는 때늦은 철쭉이 활짝 피어 있었다.

담양 대치에서 광주 가는 10번 버스를 타려고 정류장에서 기다리고 있는데 갑자기 학생들이 쏟아져 나와 나를 에워쌌다. 30~40여 명의 학생들이 "선생님, 가지 마세요!"라고 울면서 매달렸다. 조금 있으니 학생들이 백여 명으로 늘어났다.

그때 마침 비가 오기 시작했지만 아무도 우산을 받치지 않고 그저 마냥 울면서 가지 말라고 했다. 가면 안 된다고 했다.

그때 버스가 왔다. 나는 "얘들아, 안녕. 다음에 꼭 만날 수 있을 거야. 그때까지 공부 열심히 해." 하고 버스에 올라탔다.

그러자 학생들이 버스가 출발하지 못하도록 가로막고는 나를 끌어내렸다. 아이들에게 "알았다. 내가 가지 않겠다. 그러나 버스는 보내야 하지 않겠니"라고 하고 한쪽으로 물러났다.

그러자 버스는 출발하고, 아이들은 다시 나를 붙잡고 계속 울고 있었다.

15분 뒤 다시 버스가 왔지만 아이들이 버스를 막고 출발하지 못하게 해서 또 버스를 타지 못했다. 뒤늦게 소식을 듣고 선생님들이 쏟아져 나왔다. 우산을 들고 와서 아이들에게 씌워주며 말했다.

"너희가 그러면 장 선생님이 더욱 힘들다."

"선생님은 곧 다시 복직하실 거야."

"머지않아 만날 수 있을 테니까 이제 보내드리자"며 아이들을 달랬다.

세 번째 버스가 왔을 때에야 아이들에게 손을 흔들며 헤어질 수 있었다. 광주로 가는 버스에서 눈물을 참을 수 없어서 빈 좌석에 앉아 훌쩍거렸다. 손님들이 나를 쳐다보았다. 대치에서 탔던 승객들 중 몇 분이 나에게 다가와서 위로해주었다.

안녕, 아이들아. 다시 만날 거야 안녕.

눈물로 떠나온 학교, 한재중학교….

조준승

1974년 3월 어느 날, 새내기 대학 1학년생 조준승이 용봉야학에 신입 교사로 들어왔다. 용봉야학은 전남대 '교육봉사회'의 자원봉사로 운영되고 있었다. 조준승은 신입회원이므로 수업을 맡지 못하고 학생들과 놀아주는 역할을 했다.

토요일에는 학교에 일찍 가서 축구, 야구, 농구, 배구에 이르기까지 모든 운동을 함께 했다. 운동장 시설이며 공은 모두 거저 빌려다 사용했다.

조준승은 모든 스포츠 종목에서 만능이었다. 그에게서 노는 듯이 운동을 배운 야학 학생들은 나이가 더 많은 사레지오고등학교 학생들과 시합을 해서 매번 이겼다. 조준승은 야학 학생들의 스포츠 전 종목 코치나 다름없었다.

당시 야학 학생들 대부분이 집에 조금이나마 보탬이 되려고 아르바이트를 했다. 신문배달, 구두닦이, 급사, 사환 외에 폐차장에서 부품을 닦고 구분하고 정리하는 일 등 중노동에 가까운 일들도 했다.

조준승은 제자 김용인과 백운동 대성초등학교 사거리 근처에 있는 우유가공공장의 허름한 숙소에서 숙식을 해결하며 우유배달을 했다. 새벽 3시 30분이면 김용인을 깨워 짐자전거에 우유병을 싣고 배달을 했다. 조준승은 스물하나, 김용인은 겨우 열일곱이었다.

야학 학생들은 형편이 어려워 중학교 진학을 못 해 야학에 들어왔는데 대학생인 조준승도 학비 마련을 위해 쉼 없이 일과 학과 공부를 병행했다. 자신도 힘들었지만 남은 시간을 야학 학생들을 위해 쏟았다.

1980년 5월 18일, 광주항쟁 당시 그는 전남대학교 정문 앞 시위에 참여하다 공수부대원에게 구타당해 어깨뼈를 다쳤다. 그 사건으로 광주민주화운동 유공자가 되었다. 그는 대학 졸업 후 해남 마산중학교로 발령이 났다. 그때 용봉야학 출신 강덕균(전남일보 서울본부장)과 정상문(의사 개업)이 그의 자취방에서 공부하여 전남대 경제학과와 조선대 의대에 각각 합격했다.

그는 용봉야학 출신 조덕선, 정태형, 김용인이 『광주사랑방신문』을 설립하자 자문 역할을 했다. 현재 『광주사랑방신문』은 『무등일보』와 『뉴시스』를 인수하여 지역사회를 대표하는 미디어그룹으로 성장 발전하였다.

1991년에는 전교조 전남지부 사무국장 직을 마무리하고 '참교육사업단장'을 맡게 되었다. 당시 전교조는 '참교육사'를 설립하여 문구류와 티셔츠를 만들어 팔았는데, 참신한 디자인으로 호평을 받았다.

각 시도 지부의 참교육사는 본부의 참교육사에서 물건을 받아서 팔았다. 초창기에는 해직 교사의 사모님들이 생계수단으로 판매에 참여했다. 전남지부에서는 해직 교사들이 학교에 방문할 때나 행사가 열릴 때 팔았다. 참교육 상품은 팔아서 이익을 본다기보다는 참교육 마크가 찍힌 상품을 판매함으로써 전교조가 건재하다는 것을 널리 알리고 많은 분과의 접촉면을 늘리기 위한 것이었다. 광주에서는 사모님들이 매장을 직접 운영하여 생계에 도움을 주기도 했지만 전남지역은 판매가 원활하지 않고 재고가 많아 거의 수익이 나지 않았다. 그래서 그냥 나눠주기도 했다.

내가 사업단장을 맡았을 때 맨 먼저 벌인 사업은 굴비 판매였다. 굴비 판매는 원래 전교조 영광지회가 하던 사업이다. 1990년 영광지회가 굴비 도매상으로부터 공급받아 영광 지역 선생님들에게 판매했다. 당시 영광지회 해직 교사가 네 명이었다. 영광지회의 명절 굴비 판매 사업이 짭짤하게 잘되어 해직 교사들 명절 떡값으로 나누고 작은 도서관을 만들었다.

나는 영광지회 성공 사례를 듣고 영광지회 선생님들과 상의하여 굴비 판매 사업을 전남사업단으로 확대했다. 명절 때 전국 지부 지회를 상대로 마케팅을 하자는 것이었다. 당시는 택배가 발달하지 못해 굴비가 귀한 선물이었고 비쌌다. 명절이 되자 영광의 굴비 도매상 두 곳과 계약을 맺고 질 좋은 굴비를 시중 가격보다 저렴하게 판매했다. 전국 지부 지회에서 주문이 쇄도하여 공급이 달리기도 했다. 덕분에 영광에서 굴비를 취급하시는 분들 사이에서 내가 유명해졌다. 짭짤한 수입으로 해직 교사들의 명절 떡값과 생계비, 전교조 사업비 등에 보태어 큰 도움이 되었다.

내가 사업단장일 때 히트 상품이 세 가지가 있었다.

첫 번째 히트 상품은 『선생님 이야기해주세요』라는 책이다. 그 책은 여수 구봉중학교에서 해직된 박용성 선생님이 만들었다. 박 선생님은 내가 전교조 전남지부 사무국장을 할 때 교육선전부장이었다. 그는 1989년 전교조 창립 당시 정부가 이념 공세를 펼치며 전교조를 공격할 때 TV토론에 나가서 전교조 참교육의 정당성을 소신 있게 발언하여 강렬한 인상을 남겼다. 보수 세력이 전교조에 이념 공세를 퍼부으며 이른바 좌편향에 대해 공격해댈 때 치밀한 논리와 언변으로 제압하여 스타가 되었다. 1988년 12월, 여의도에서 개최된 '교육법개정촉구 전국교사대회'에서 국회의사당 앞까지 행진하고 마무리 집회가 열렸는데, 힘찬 연설로 이미 유명 인사였다.

『선생님 이야기해주세요』는 박용성 선생님이 교육선전부장을 맡을 때 기획되었다. 당시 전교조 홍보물에 수업 때 활용할 수 있는 짧은 이야기를 시리즈로 내서 보급한 적이 있었는데, 꽤 인기가 있었다. 나는 그 점에 착안해서, 그동안 발표된 내용을 토대로 단행본 도서를 만들어 보급하면 어떻겠느냐고 박 선생님에게 제안했다. 그가 흔쾌히 수락하여 책을 만들게 되었다.

책에는 교사들이 수업시간에 활용할 수 있는 이백여 편의 이야기를 실었다. 이야기 끝에는 '생각해봅시다'라는 몇 가지 질문을 추가했다. 책이 나오자 선풍적인 인기를 얻었다. 1991년 3월 1일 자로 아예 '도서출판 참'을 만들고 직접 제작했는데, 한동안 베스트셀러가 되어 약 3만 부가 팔렸다.

두 번째 히트 상품은 '함께 가자 우리' 공연 실황 테이프다. 1989

년 7월 '전교조 탄압 저지 대책위원회' 주최로 3회 공연을 기획하여 광주MBC PD와 엔지니어가 만든 테이프로, 전국적으로 약 5만 개를 팔았다. 이 테이프는 해직 교사뿐만 아니라 학생, 학부모까지 구입하여 공전의 히트 상품이 되었다.

세 번째 히트 상품은 '참교육 티셔츠'다. 참교육 마크가 새겨진 티셔츠는 서울 본부에서 다양한 색깔의 다양한 형태로 만들어 보급하고 있었다. 전남 지부는 여름용 반팔 티셔츠를 만들어 팔았다. 전남 지부의 '참교육' 여름용 반팔 티셔츠를 생각하면 조준승 선생님을 떠올리지 않을 수 없다.

1992년이 되자 나는 '민주주의민족통일 광주·전남연합' 사무처장으로 옮겨 가고 '참교육사업단장'은 조 선생님이 맡게 되었다. 그가 운영하면서 여름용 참교육 티셔츠는 반팔 검정, 초록, 분홍 세 가지 색깔로 만들어 공급했다. 광주의 티셔츠 공장에서 대량 제작하여 가격도 2,000원대로 저렴해서 인기가 있었다. 광주에서 제작되면 대인동 공용터미널로 운반하여 버스 화물칸에 넣어 전남 각 지회로 보냈다. 조 선생님은 참교육사업단 일에 헌신적으로 임했으며 일을 즐겼다.

광주소방서 뒤편 3층 전교조 전남지부 사무실 한쪽, 참교육 상품이 산더미같이 쌓여 있는 창고 같은 곳의 희미한 전등 불빛 아래서 그는 여기저기 전화를 걸어 주문을 받고 짐을 꾸렸다. 누구도 하기 싫어하는 몸으로 때우는 일을 그는 스스럼없이 2년 동안이나 했다.

조준승은 나의 고등학교 1년 후배다. 항상 밝고 착하고 천의무봉

한 사람이다. 해직된 이후 술을 많이 먹게 되었고 그로 인해 간경화가 왔다. 중국에 가서 간이식 수술을 하게 되었는데 수술비가 부족했다. 부족한 수술비를 충당하기 위해 전교조 교사들이 모금하여 1,500만 원 정도를 모았다. 대학생 때 교사로 봉사했던 용봉야학 제자들과 친한 후배인 박양수 선생님이 힘을 모아 간이식 수술을 했다. 이후 많이 회복되었지만 다시 악화되어 안타깝게도 2007년 세상을 뜨고 말았다. 해직의 고통이 조 선생님을 죽게 한 것이다.

장례식은 첨단에 있는 보훈병원에서 열렸다. 해직 동지들이 많이 왔다.

다들 많이 울었다. 너무 아깝고 억울해서다.

우리가 어떻게 살아왔는데,
빛나는 청춘 다 바치고
참교육 전교조를 위해
좋은 세상을 위해
우리가 어떻게 싸웠는데
이렇게 가다니, 벌써 가다니
법 없이도 살,
그저 착하고 마음씨 좋은
바보 같은 준승이를
왜 데려가느냐고….

오정묵

1989년 5월 28일 전국교직원노동조합(약칭 전교조)이 결성되었다. 나는 박용성 선생님과 택시를 타고 서울로 가서 결성식에 참석했다. 전국 각지에서 모인 2,000여 명의 교사들은 이날 오후 2시 30분께 건국대학교에서 전교조 결성 보고대회를 가졌다. 27, 28일 이틀 동안 경찰은 전교조 결성식을 원천 봉쇄하고 1,082명의 교사를 연행했다. 정부는 전교조 결성을 국가 안보적인 관점으로 대응하며 전교조 조직 와해에 모든 초점을 맞추었다. 안기부는 대형 간첩단 사건 다루듯이 개입하여 전교조 결성을 주도한 교사들을 국가보안법 위반 혐의로 몰아붙이고 '반상회'까지 동원하여 대국민 홍보심리전을 병행했다.

7월 1일, 전교조를 탈퇴하지 않으면 모두 파면시키겠다는 문교부의 방침이 나왔다. 그래도 우리는 '생즉사, 사즉생', 곧 '다 죽으면 다 산다!'고 하며 조직을 지키려고 버텼다. 탈퇴서에 사인만 하면 되는데, 사인을 하지 않으니까 부모한테 가서 사인을 받아가기도 했다. 나중에 그 사실을 알고 교육청에 쫓아가서 탈퇴서를 뺏어 쫙쫙 찢은 사람까지 나왔다. 교사로서 양심을 지키겠다는 의지와 교사 해직을 맞바꾼 것이다.

7월 17일, 문교부는 중징계 대상자 4,900명(공립 1,500명, 사립 3,400명)을 발표하고, 전교조 탈퇴를 거부한 교사들에 대한 징계를 단행하였다. 결국 1,500여 명의 교사가 전교조 탈퇴 거부를 이유로 파면 또는 해임되었다. 이후에도 전교조 가입 교사에 대한 탈퇴 공작과 참여 교사 징계심사, 복직교사나 신규 임용 교사에 대한 보안심사를 통해 단순 시위 경력자들도 교원 선발 과정에서 탈락시키는 등 갖가지 수단을 통해 전교조 와해를 꾀했다.

1989년 여름방학이 되자 지리산 계곡 골짜기에 전교조 조합원들이 학교 단위로 천막을 치고 옹기종기 모여 있었다. 방학을 해서 집에 있으면 다 각개격파당하니까 조직을 지키기 위해 20~30명씩 분회 단위별로 모여 지리산 골짜기에서 5박 6일 동안 지냈다. 그래야 탈퇴서에 사인하지 않고 버텨서 조직을 사수하고 양심을 지킬 수 있었다.

이후 대량 징계가 본격화되면서 징계의 칼날은 8월 11일, 광주·전남지역의 경우 무려 316명의 교사를 파면·해임·직권면직했다.

전교조 결성으로 대량 해직 사태가 발생하자 광주·전남 지역사회에서는 강신석 목사, 명노근 교수, 장용주 신부, 지선 스님이 중심이 되어 '전국교직원노조 탄압 저지 광주·전남 대책위원회'(이하 전교조 대책위)를 만들었다. '전교조 대책위'는 전교조 교사 대량 해직 사태를 시민들에게 홍보하고 관심과 지지를 끌어내기 위해 '함께 가자 우리'라는 노래공연을 기획했다.

당시 광주YMCA 이호준 총무가 기획단장을 맡고 기획팀으로 천주교 정의평화위원회 김양래 간사와 홍세현, 전교조에서는 내가 참여했다. 영상과 미술작업은 홍성담 화백이 맡았다. 연출은 광주MBC 오정묵 PD와 '소리모아', 가수로는 박문옥, 정세현(범능 스님)과 '노래패 친구', 김원중, 사물놀이패 '흙'이 참여했다. 모두 재능기부로 출연료를 받지 않았다. 연출을 맡은 오정묵 PD는 사회도 보며 시낭송도 했다.

오정묵 PD는 전남대학교 시절 학생운동을 했다. 가수 활동은 하지 않았지만 노래를 잘 불렀다. 1982년 소설가 황석영이 작사하고 가수 김종률이 작곡한 노래극 '넋풀이' 작업에 참여하여 '임을 위한 행진곡'을 불렀다.

'소리모아'는 박문옥, 박태홍, 최준호 등이 모여 결성했다. 박문옥은 사범대학 미술교육과를 졸업한 후 짧은 교사생활을 마무리하고 가수의 길을 걸었다. 1987년부터 '소리모아 스튜디오'를 개설했고, 김원중이 불러 히트한 문병란 시인의 시 '직녀에게' 등 수많은 노래를 작곡했다.

'노래패 친구'는 1986년 결성된 광주의 노래패다. 정세현, 배은경 등이 중심이 되어 집회나 단체의 행사장을 찾아다니며 노래로 투쟁의 열기를 북돋웠다. 정세현은 예명으로 본명은 문성인이고, 1993년에 '범능'이라는 이름으로 불교에 귀의하고 출가하여 불교음악 활동을 하다가 2014년 병으로 타계했다.

공연은 7월 21일 오후 7시, 22일 오후 4시와 7시, 세 차례 했다. 1,000명 규모의 무진관에 1,500명이 입장해서 연인원 4,000명이 공연을 관람했다. 사물놀이패 '흙'의 '길놀이'로 시작하여 박문옥의 노래 '누가 저 거미줄에 걸린 나비를 구할 것인가', 김원중의 '직녀에게', '예성강'으로 공연은 이어졌다. 정세현과 '노래패 친구'의 노래가 이어지고 '교원노조가'는 모두 합창으로 불렀다.

교원노조가

살아 숨 쉬는 교육 교육민주화 위해
가자, 교원노조의 깃발을 힘차게 휘날리자
얼마나 긴 세월을 억눌려 살아왔나

짓밟힌 우리 어깨 걸고
민족 교육 전진이다.
뜨거운 가슴으로 참교육 이뤄보자
죽어간 아이들이 횃불로 살아온다. 교원노조

살아 숨 쉬는 교육 교육민주화 위해
가자, 교원노조의 깃발을 힘차게 휘날리자
얼마나 긴 세월을 목메어 기다렸나
동트는 새벽
대동단결 투쟁이다.

뜨거운 가슴으로 참교육 이뤄보자
죽어간 아이들이 횃불로 살아온다. 교원노조

살아 숨 쉬는 교육 교육민주화 위해
가자, 교원노조의 깃발을 힘차게 휘날리자

후반에 도종환 시인이 감옥에서 보낸 옥중시를 오정묵이 낭독하면서 행사는 절정에 달했다.

정 선생님 그리고 보고픈 여러 선생님께

어둠이 짙을수록 쇠창살이 더욱 또렷해옵니다.
잠 못 들어 뒤척이는 수인囚人의 고적한 어깨 너머로
또 하루가 흔적 없이 저물었습니다.
때 묻은 모포를 끌어 덮으며
아직도 다 하지 못한 일들을 생각합니다.
한 가닥 외로운 진실을 놓지 않고
굶어 쓰러지면서도 우리와 함께 있는
이름들을 조용히 불러봅니다.
세상 밖에서 가졌던 모든 것을 벗기우고
지금 알몸 위에 흰 수의를 걸치고 살아도
우리가 빼앗긴 세월을 반드시 돌려받을 수 있음을 믿습니다.
감옥의 안에서나 밖에서나

당신들이 우리와 함께 있기 때문입니다.

이름을 빼앗긴 채 가슴에 수인번호를 낙인처럼 달고 살아도

아이들의 가슴속에 새기고 온 우리들의 이름은

아무도 지울 수 없는 것처럼

우리의 뜻을 세상에서 지워버릴 수는 없습니다.

설령 우리가 이곳에서 거미줄에 날개를 묶인 곤충처럼

몸을 떨고 있기를 바란다 해도

설령 우리가 몸을 적실 물 한 방울에 얽매이게 하고

배를 채울 보리밥 한술에 무릎을 꿇게 하여도

그리하여 우리를 짐승처럼 마룻장에 뒹굴게 하여도

우리는 이 길을 곧게 갑니다.

그렇게 살다 장승 죽음으로 실려 나간다 해도

우리는 후회하지 않습니다.

우리의 목숨이 허공에 풀잎처럼 걸려 있는 동안도

자기 자리를 한 발짝도 벗어나지 않으며

한 톨의 사랑도 실천하지 않는 동료들이

아직도 내 빈 의자의 옆에 가득가득하다 해도

그들을 원망하거나 탓하지 않습니다.

옳다고 믿어 이 길을 택했으므로

우리는 새벽이 오는 쪽을 향해

담담이 웃으며 갈 수 있습니다.

서슬 푸른 칼날에 수천의 목이 걸리고

이 나라 땅의 곳곳이 새남터가 된다 하여도

우리는 이 감옥에서 칼날에 꺾이지 않는
마지막 이름으로 남을 수 있습니다.
이 세상의 가장 낮은 곳에 쓰러져 있어도
빛나고 높은 그곳을 향하여
누리는 이 길을 곧게 갑니다.

_1989년 6월 24일 청주교도소에서 도종환 올림.

끝으로 노래패 친구의 대표적인 노래 '함께 가자 우리'의 제창으로 막을 내렸다. 김남주 시에 곡을 붙인 이 노래는 광주·전남지역에서 널리 불렸다.

함께 가자 우리 이 길을
셋이라면 더욱 좋고 둘이라도 함께 가자
네가 넘어지면 내가 가서 일으켜주고
내가 넘어지면 네가 와서 일으켜주고
산을 넘고 물을 건너 언젠가는 가야 할 길
함께 가자 우리 함께 가자 우리

네가 넘어지면 내가 가서 일으켜주고
내가 넘어지면 네가 와서 일으켜주고
산을 넘고 물을 건너 언젠가는 가야 할 길
함께 가자 우리 함께 가자 우리

오정묵이 장비와 엔지니어를 동원하여 현장 실황 녹음을 했다. 그리고 엔지니어에게 스테레오로 말끔하게 편집해달라고 부탁해서 훌륭한 음질의 테이프를 만들었다. 그 테이프에 소리모아 스튜디오에서 '참교육의 함성으로' 노래를 녹음하여 추가했다.

나는 이 공연 실황 마스터 테이프에 '함께 가자 우리'라고 이름을 붙여 보급했다. 테이프에는 당시 공연의 뜨거운 열기와 감동이 그대로 실려 전교조 투쟁의 정당성과 참교육의 열망이 담겨 있었다. 또한 당시 노래 테이프 중에는 최고의 음질을 자랑했다.

테이프는 5만 개 이상 팔려 공전의 히트를 기록했다. 교사와 학부모, 학생들이 구입했다. 수익금은 해직 교사 복직 투쟁, 전교조 합법화 투쟁 사업비로 요긴하게 쓰였다. 해직 교사들은 힘들고 어려울 때 이 테이프를 틀며 서로 울고 또 힘을 냈다. 나중에는 하도 많이 들어 테이프가 늘어질 지경이었다.

윤명숙 2

1989년 7월 5일 자로 담양 한재중학교에서 해직되었다. 처음에는 해직되었다는 게 실감나지 않았다. 곧 현실로 돌아왔다. 내 나이 35세로, 학교 교사로 10여 년 근무하면서 아무런 생계 대책 없이 갑자기 해직된 것이다. 그동안 해직까지는 생각지 못했기에 대책도 마련하지 못했다.

당시 나는 진월동 28평짜리 옥천아파트에서 부모님을 모시고 아이 둘과 모두 여섯 식구가 살고 있었다. 양림동에 살면서 금동시장 떡집을 운영하셨던 부모님이 나이가 들면서 힘에 부쳐 1984년 가게를 접고 우리 집으로 들어오신 것이다.

해직되자 교사 10년에 군대 3년 경력을 합하여 정산한 퇴직금 1,200만 원에 재형저축 300만 원을 합쳐 1,500만 원 정도가 손에 쥐어졌다. 나는 다른 해직 교사에 비하면 많이 받은 편이었다. 동료 교사 중에는 퇴직금 30만 원을 받은 사람도 있었다. 3월에 임용되어 6개월 근무하고 8월에 해직되었기 때문이다. 대부분의 해직 교사들이 20대 중반에서 30대 초반으로, 퇴직금이 300만 원 정도 되었다. 나는 해직되자마자 전교조 전남지부에서 상근하다가 1990년에는 전남지부 사무국장을 맡았다.

전교조에서 상근하며 활동하다 보니 학교에서 근무할 때보다 더 바빴다. 온갖 회의에다 각종 연수로 며칠씩 집에 들어가지 못하는 경우가 비일비재했다. 서울에서 농성하다 경찰서에 끌려갔다가 석방되어 보름 만에 집에 오기도 했다. 그러다 보니 집에 장이 끓는지 국이 끓는지도 몰랐다. 집안 살림이 어떻게 되는지, 아이들이 어떻게 크고 있는지 전혀 알 수 없었다. 밖에서 활동하다 보니 주위 분들이 '고생했다, 장하다'고 추어주며 밥도 사주고 술도 사주고 해서 그런 분위기에 취했을까? 뜬구름 밟고 다니듯 시간이 흘러갔다.

부모님은 심하게 만류하지 않으셨다. 나에 대한 굳건한 신뢰가 있었기 때문이다. 물론 부모님께 매번 "염려 마세요. 곧 복직됩니다"라고 말씀드리며 안심하시게 했다.

가장 가까운 동지였던 아내는 내가 해직된 것을 단 한 번도 불평하거나 비난하지 않았다. 부모님이 쌈짓돈 모아놓은 것을 주셨지만 얼마 가지 못했다. 생활비가 부족해지자 퇴직금이 야금야금 줄어들기 시작했다. 그러자 아내가 일을 저질렀다. 해직 교사 복직투쟁으로 서울에서 보름 만에 집에 돌아오니 논을 샀다고 계약서를 내밀었다.

돈을 탈탈 털어 친척의 권유로 나주 공산면 금곡에 있는 논 2,000평을 산 것이다. 그 땅은 절대농지로, 농사 외에는 용도가 없었다. 투자가치가 없는 땅이었다. 당시 주가가 폭등하여 주식투자로 돈을 많이 번 사람들도 있었다. 아내를 나무랐지만 이미 엎질러진 물로 어쩔

1990년 가족사진

수 없었다. 그 땅은 15년이 지난 후 2,000만 원에 팔았다. 본전치기도 안 된 셈이었다.

내겐 세 명의 동생이 있고 주위에 힘들게 사는 사람들이 많았기 때문에 빌려달라고 하면 거절을 못 하는 남편의 성격을 알기에 그 돈이나마 지켜야 되겠다는 심사에서 덜컥 저지른 게 아닌가 하는 생각이 들었다. 짠하기도 하고 애틋하기도 했다.

당시 전교조에서는 해직 교사들에게 활동비와 생계보조금을 지급했다. 각기 처한 상황에 따라, 가령 결혼 안 한 사람, 부부 교사이거나 부인이 생업에 종사하는 경우에는 10~15만 원, 아내가 전업주부인 경우는 20여만 원, 그 외에 가족수당으로 1인당 1만 원씩 지급했다. 나는 20여만 원 정도 받아서 10만 원은 활동비로 쓰고 나머지는 아내에게 생활비로 줬다. 해직 교사들이 받은 돈은 학교현장의 동료 교사들이 내는 후원금이었다. 당시 1인 월 1만 원으로, 요즘 시세로 치면 3~4만 원 정도의 금액이다. 당시 5,000명이 넘는 동료 교사들이 4년 6개월이 넘도록 매달 후원금을 내주었다. 마음과 정성을 모아 그렇게 후원하기란 사실 피를 나눈 형제라도 쉽게 할 수 있는 일이 아니었다. 군사독재 치하에서 후원금 걷는 것도 투쟁이었다. 학교현장에 있는 동료 교사들의 후원과 동참과 격려가 없었다면 전교조는 고사하고 말았을 것이다.

해직 기간이 길어져서 여윳돈이 떨어져 생계문제가 절실해지자 아내가 생활전선에 뛰어들었다. 대학 때 피아노를 전공했기에 피아노교습소를 운영하기로 했다. 마침 백운동 까치고개에 피아노교습소가 나와서 그것을 인수했다. 이름이 '나래 피아노학원'이었다. 인가가 난 곳인 줄 알았는데 알고 보니 무허가였다. 처음에는 피아노 네 대였는데 나중에는 한 대를 늘려 다섯 대로 교습을 했다.

백운초등학교 아이들을 가르쳤다. 그런데 위치가 까치고개 언덕 꼭대기여서 차량 소음이 심했다. 피아노 소음에 아이들 쿵쾅거리는 소리까지 더해 아내가 고생을 많이 했다. 우리 아이들도 집 근처 학교에 다니지 못하고 엄마 따라 백운초등학교에 다녔다. 처음 2년 동안에는 교사 월급 정도 벌었는데, 주변에 다른 피아노교습소가 생기니 수입이 줄어들었다. 그래서 3년 후 200미터쯤 떨어진 곳으로 옮기고 '솔내피아노학원'이라고 이름을 바꾸어 다시 시작했다.

그러나 갈수록 경쟁이 심해 아이들이 줄어들어 아내가 마음고생이 심했다. 나중에는 취미로 배웠던 비디오 영상 프로그램을 학원에 가서 더 배워서 부업으로 연수 강사로 나서기도 했다.

아내는 신앙이 독실하여 무진교회를 열심히 다녔다. 아내가 힘들고 어려울 때 목사님인 장인어른이 하시던 말씀을 믿고 의지했다.

"하나님은 우리에게 시련과 고난을 주신다. 그 시련과 고난은 우리가 이겨낼 수 있을 만큼, 감당할 수 있을 만큼만 주신다. 하나님은 우리를 사랑하기 때문에 우리를 시험하기 위해 이렇게 엄청난 시련과 고난을 주신다. 그러나 도저히 감당할 수 없을 때에는 피하는 방법도 알려주신다."

해직되어 살면서 가장 힘들 때는 명절 때였다. 집안 형제와 친척들이 다 모이고 명절 선물바구니가 오갈 때면 몹시 외롭고 슬펐다. 그래서 해직 교사끼리 연락하여 1박 2일로 낚시 가서 고기는 잡지 않고 밤새 소주잔을 기울인 적도 있다. 또 하나 힘든 것은 감당할 수 없도록 큰돈이 필요할 때였다. 중병에 걸린 부모님이나 가족들의 치료비나 갑작스러운 집안 중대사로 목돈이 필요할 때, 복직하면 갚으라며 큰돈을 선뜻 내어주는 분들이 나타났다. 어려운 일에 봉착했을 때도 일이 잘 풀리게 도와주는 분들이 나타나기도 했다.

나는 해직 기간 동안 가족 생계를 유지하기 힘들었지만 아내의 헌신과 주위 분들의 격려와 도움 덕택에 고난을 이겨낼 수 있었다. 해직 교사의 아내인 피아니스트가 해직 기간인 4년 동안 '생계형 피아니스트'가 되어 어려운 시기를 넘긴 셈이다.

'그래 죽으라는 법은 없구나.'

홍성봉

　1989년은 전교조를 창립한 참교육 원년이다. 전국에서 1,500여 명의 교사가 몰상식하고 파렴치한 정권에 의해 목이 잘려 학교에서 떠밀려 나갔다. 담양, 이 작은 지역에서도 8명의 해직 교사가 나왔다. 한재중학교에서 나, 수북중학교에서 박철우, 창평고등학교에서 고희숙, 홍성봉, 국중화, 김제영, 임수빈, 고재성 이렇게 6명이 잘렸다.

　나는 1989년 9월에 초대 '전교조 담양지회장'을 맡았다. 6개월이 지난 1990년에는 전교조 전남지부 사무국장, 1991년에는 참교육사업단장, 1992년에는 민주주의민족통일 광주전남연합 사무처장, 1993년에는 다시 전교조 전남지부 사무국장을 맡아 담양지회 활동은 거의 하지 못했다. 담양지회 활동의 중심에는 홍성봉 선생님이 있었다. 그는 잘생기고(?) 항상 긍정적이고 적극적이며 쾌활했다. 술도 잘 먹고 놀기도 잘하고, 일도 잘했다.

　창평고등학교 해직 교사는 영어를 가르치던 고희숙 선생님 외에는 공교롭게도 5명이 동갑내기 국어 교사였다. 그때가 딱 서른 살. 한창 열정이 넘치는 꽃다운 나이에 학교 울타리 밖으로 내몰린 것이다. 당시 창평고등학교는 남녀 공학으로, 36학급이나 되며 학생이 2,000명 가까이 되는 대규모 학교였다. 학교와 재단 측은 "소나기는 피해 가자"며 전교조 가입 교사들을 설득했다. 달포 간의 줄다리기 끝에 마지막까지 버틴 6명이 결국 교문 밖 교사가 되었다.

해직을 통보한 후 학교가 배려랍시고 교직원회의 때 작별 인사를 하라고 했다. 그 하루 전날 창평고 해직 교사 6명은 충장로 어느 호프집에 모여 결의를 다졌다. 이야기를 나누다가 비장함인지 억울함인지 끝 모를 어둠에 갇힌 기분인지 모르겠으나 감정이 북받쳐 서로 붙잡고 울음바다가 되었다. 그때 단 한 사람, 고재성은 울지 않았다. 모두 '저 친구는 참 강단지고 독한 사람이구나' 하고 생각했다. 그런데 그다음 날 조금 늦게 교무실에 나타난 고재성은 얼굴이 보름달처럼 퉁퉁 불어 있었다. 밤새 혼자 울었던 모양이다. 지금도 담양해직 팀들이 모이면 이 이야기를 하며 고재성샘을 놀려댄다.

교무실에서 교직원회의가 열렸다. 납덩이처럼 무거운 침묵이 흐르고 아무도 말이 없었다. "시대의 아픔"이니, "안타깝다"느니 하는, 교장과 교감 선생님의 어쭙잖은 말들이 몇 마디 이어지고 회의 아닌 회의를 마쳤다. 이어 우리를 학생들 눈에 안 띄게 서둘러 뒷문으로 안내했는데 그곳에는 이미 대절한 택시 3대가 와 있었다. 홍성봉과 고재성은 같은 택시에 태워져 교문 밖으로 나와 광주를 향해 가는데, 고재성은 잠금이 고장 난 수도꼭지처럼 울먹이고, 홍성봉은 다시 학교로 돌아오자고 훌쩍이며 손수건을 적셨다.

8월 말, 나는 담양지회 해직자 7명, 강진지회 해직자 전서연 선생님과 지리산에 갔다. 고단한 심신을 달래고, 닥쳐온 해직 생활을 어떻게 견뎌낼지 구상하기 위해서였다. 해직 교사 9명이 동행하니 서로 위안이 되기도 하고 잠시나마 고통을 잊는 듯했다. 그러나 몰려오는 허탈감과 함께 앞에 놓인 산길이 길고도 암울한 터널처럼 느껴졌다. 결의를 다진 해직 당사자가 맞닥뜨린 현실은 그렇다 하더라도 만류하던 가족과 선생님을 지키겠다고 눈물 흘리는 제자들이 어른거려서 더욱 그랬을 것이다.

1989년 2학기가 열린 8월 말부터 9월까지 창평고등학교 학생들은 장대비를 맞아가며 때로는 찌는 더위 아래에서 "선생님을 돌려달라"고 외치며 연거푸 집회와 시위를 열었다. 옥상에 올라가 위험천만한 선동을 한 학생 대표도 있었다. 당시 학생들이 "빼앗긴 선생님들을 돌려달라"며 자발적으로 하는 집회를 해직 교사들이 뒤에서 조종한다는 허무맹랑한 소문을 퍼뜨린 사람도 있었다.

9월 어느 날, 장대비가 쏟아지는 밤에 홍성봉과 국중화가 광주에 있는 전교조 전남지부 사무실 옆 보리밥집에서 막걸리 잔을 앞에 두고 훌쩍거리고 있었다. 그날 오후 늦게 저녁이 다 돼가는 무렵 창평고등학교 학생들이 집회를 한다고 하여, 학교 운동장 가장자리 등나무로 가려진 울타리 밖에서 집회 장면을 보았다는 것이다. 집회를 숨죽여 보고 있노라니 미안하고 안타까워 속에서 불이 났고, 말리고 싶었지만 나설 수 없었다는 것이다.

전교조 담양지회는 초창기에 변변한 사무실이 없었다. 그래서 전교조 광주·전남지부 사무실에서 더부살이를 하게 되었다. 대인동 소방서 뒤에 있는 건물이다. 당시 담양고에 재직하던 이재덕 선생님의 건물로, 시세보다 싸게 내어준 것이었다. 얼마 지나지 않아 광주지부가 딴살림을 차려 나가고, 담양지회는 전남지부 한쪽에서 지회 활동을 시작했다. 당시 담양지회의 주요 활동은 25개 초·중·고교를 방문하며 전교조 신문이나 전남지부와 담양지회 소식지를 전하는 것이었다. 참교육 티셔츠나 테이프와 가방, 필통 등 참교육사가 만든 물품을 팔기도 했는데, 커다란 비닐봉지를 어깨에 걸치면 때 아닌 산타클로스의 모습이었다.

지회 활동만 한 것이 아니다. 지금은 고인이 되신, 직책이 '참교육사업단장'이던 조준승 선생님의 지시를 받아 물건을 배달하는 일도 잦았다. '참교육 심벌이 새겨진 티셔츠'와 '함께 가자 우리' 테이프를 전남 각 지역에 부치는 일을 도운 것이다. 그때는 시외버스 터미널이 사무실에서 그리 멀지 않은 대인동에 있었다. 전남 각 지회와 시민단체에서 주문이 오면 끝차에 서너 상자를 싣고 가서 해당 지역으로 가는 버스 아래 짐칸에 상자를 넣고, 운전기사에게 수고비를 쥐어주고 내리는 일이었다. 생각보다 어려웠다. 끝차에 한두 상자를 실을 때는 괜찮지만 서너 상자를 싣고 갈 때는 앞이 보이지 않아 여간 고역이 아니었다. 그래서 담양지회 식구들은 조준승 선생님 눈에 안 보이려고 꾀를 쓰기도 했다. 괜스레 바쁜 척하거나 사무실 구석에 숨기도 했다.

내가 전남지부 사무국장을 하면서 바쁜 일이 있으면 부담 없이 담양지회 해직자들을 불러 도움을 청하는데 한 사람도 안 보일 때가 있었다. 코를 씩씩대며 바로 옆 당구장에 가면 어김없이 당구를 치고 있었다.

"이 사람들아, 그래, 당구 치려고 잘렸냐?"

그러면 이구동성으로 "점심 먹고 나서 스트레스도 풀고 친목도 다질 겸 당구 좀 쳤는데, 형님 말이 심한 거 아니야?" 하고 대들곤 했다.

"그래 좋다. 근데 한 시간 정도면 나도 이해하는 데 벌써 두 시간이 넘었다니까!"

그 말에 대꾸할 강심장은 없었다.

"주동자가 누구냐?"

십중팔구 홍성봉이다.

그대로 상황 종료다. 된통 혼을 내고 머뭇거릴 새도 없이 바로 파장하게 했다. 지금 생각해보니 가끔은 내버려둘 걸 그랬다. 해직 생활이 오죽 팍팍하면 그랬을까? 그들이 보기에는 내가 잔소리 많은 뇌꼴스러운 교감, 딱 그 짝이었을 것이다.

그렇게 6개월 남짓 더부살이 끝에 드디어 담양지회 사무실을 갖게 되었다. 담양 버스터미널 가까운 1층에 담양 농민회와 전교조 담양지회가 공동으로 기금을 모아 조그만 사무실을 열었다. 그렇게 몇 달을 보낸 뒤 좋은 소식이 들려왔다. 농민회를 돕던 한 후원자가 담양읍의 위치 좋은 도로 옆 자기 건물 슬러브 지붕 위에 사무실을 지어도 좋다고 허락한 것이다. 그래서 우리는 그분이 내어주신 슬러브 지봉 위에 조립식 사무실을 마련했다. 해직 교사들이 모아 낸 눈물 묻은 퇴직금 일부와 학교현장 선생님들이 모아 보낸 돈 그리고 농민회원들이 모은 쌀을 팔아 어렵사리 사무실을 마련한 것이다. 어떤 학교 선생님들은 책장과 취사용품을 비롯한 집기를 기증했다.

개소식 날 가서 보니 열대여섯 평 공간이 운동장처럼 넓게 보였다. 전교조와 농민회 식구들이 모였고, 현장 선생님 몇 분도 오셨다. 풍물도 신명나게 치고, 고사도 지내고, 작은 잔치를 열었다. 그날은 모두 행복했다. 집 없는 사람이 처음으로 자기 집을 장만한 심정이었다.

그러나 다음 날 새벽, 청천벽력 같은 소식이 왔다. 그야말로 '마른 하늘의 날벼락'이었다. 사무실에 불이 나서 거의 전소했다는 것이다.

개소식 다음 날 국중화가 홍성봉에게 전화를 걸었다.

"야, 사무실에 불이 나서 다 타져 부렀다."

잠도 덜 깬 홍성봉은 "뭐, 아침 꼭두새벽에 민방위 훈련을 한다냐?" 하며 어안이 벙벙했다.

수화기 너머로 국중화의 울먹이는지 훌쩍이는지 모를 소리가 들려왔다. 사태가 급박하고 심각했다. 곧바로 담양에 모인 우리는 현장을 보고 망연자실했다. 어제 그 깔끔했던 사무실이 시커멓게 탄 모습을 드러내고 널브러져 있었다. 그 소용돌이 속에 박철우 선생님이 그린 '참교육 그림'은 방바닥에 엎어져 액자 유리만 깨지고 모서리가 그을린 채로 무사한 것이 신기했다. 경찰서에 신고하고, 긴급하게 소식지를 만들어 담양 곳곳에 뿌렸다. 나중에 경찰은 보일러 과열로 추정

되는 실화라고 발표했으나 믿기지 않았다. 누군가가 담양에서 민주 단체가 활동하는 것을 방해하기 위해 지른 방화가 아닌가? 우리는 의심할 수밖에 없었다.

그 뒤로 여러 차례 사무실을 옮겨 다니는 고충을 겪어야 했다. 터미널 앞에 임시 거처를 마련하여 사무실로 사용하다가 다시 농민회와 전교조가 어렵사리 돈을 모아 5일장 입구 다리 옆에 있는 3층 건물 옥상에 자리한 조립식 사무실로 이사를 갔다. 전보다 더 넓은 사무실에서 한동안 잘 지냈다. 어느 초겨울, 담양에 근무하시는 초등 조합원 남영순 선생님이 쌀을 한 가마니 가지고 사무실에 오셨다. 친정아버지께서 농사지어 보내주신 쌀을 배고픈 해직 교사를 위해 가져오신 것이다. 달포가량 식량 걱정 없이 잘 먹었다. 눈물 나게 고마워서 배도 든든하고 마음까지 포근했다.

그러나 뜻하지 않은 시련이 다시 찾아왔다. 이번에는 건물주가 부도를 내는 바람에 건물 전체가 경매로 넘어가 건물을 인수한 새 주인이 사무실을 비워달라고 통보해왔다. 연달아 이런 일을 당하고 보니 하늘이 노랗고 기가 막혔다. 그러나 어쩔 방안이 없어 강제 집행 당할 때까지 버티기로 했다. 그러는 동안 부도낸 전 건물주가 순창에서 고추장을 만들어 파는 사업을 한다는 소식을 들었다. 몇 명이 부랴부랴 찾아갔더니, 돈은 없어 갚을 방도가 없으니 재고로 남은 고추장이라도 가져가라고 했다. 우리 형편도 딱하지만 그 사람이 더 안쓰러워 차마 그렇게 할 수 없어 빈손으로 돌아서고 말았다.

그로부터 두어 달 후, 어김없이 강제 집행을 당했다. 어느 날 사무실에 출근하니 출입구 철문이 뜯기고 휑한 구멍이 나 있었고, 사무실에는 아무것도 남아 있지 않았다. 밖으로 나와 보니 담양천변 나무 밑에 전화와 책상, 책장을 비롯한 취사도구 등이 나뒹굴고 있었다. 속에서 천불이 났다. 나무 밑에서 전화를 겨우 연결하여 며칠을 지냈다. 그러던 중 담양으로 새로 전입해오신 선생님 한 분이 물어 물어 담양지회 사무실을 찾아왔다가 그 광경을 보고 눈물을 쏟기도 했다.

얼마 동안 노천 사무실 생활을 하다가 농민회 사무국장이 담양 고등학교 앞에 있는 허름한 교회를 써도 좋다는 허락을 받아왔다. 재건축을 앞둔 건물로, 건축을 시작하기 전까지만 쓸 수 있다는 것이었다. 이것저것 가릴 처지가 아니었던 우리는 감지덕지 고마울밖에…. 그런대로 괜찮은 사무실이었는데, 장마에는 비가 새서 사무실 곳곳에 함지박과 양동이를 받쳐놓아야 했다.

1991년, 해직 교사가 많은 우리 담양지회는 전남대 후문 쪽에 '소나무야'라는 국밥집을 열었다. 해직 교사들이 퇴직금을 털어 전세금을 마련했다. 간판은 해직된 미술 전공 박철우 선생님의 지휘 아래 소나무를 켜서 붙였다. 눈에 띄는 독특한 간판이긴 하지만 엄청 무거워서 네 명이 달라붙어도 들어올리기가 힘들어 엄청 애먹었다. 지회 일을 보는 사람 외에, 국밥집에 일주일에 이틀씩 돌아가며 파견 근무를 하기로 했다. 중흥동 평화시장에 채소 등을 사러 가면 단골 노점상 할머니들이 젊은 해직 교사들의 곱상한 얼굴과 손을 보고 장사할 사람 같지 않다며 채소를 한 움큼씩 더 얹어주시기도 했다.

아침에 시장에 다녀와서 채소를 썻고 나면 국밥의 주재료인 곱창이 배달된다. 당시에는 오늘날과 달리 곱창이 손질되지 않은 상태로

온다. 이 곱창을 뒤집으면 똥 냄새와 내장 특유의 냄새가 코를 찔렀다. 그래서 곱창 손질이 제일 난제였다. 이틀마다 근무자가 바뀌는데, 당번인 해직 교사 둘과 아르바이트 대학생 한 명 그리고 해직 교사 고재성의 어머니, 이렇게 네 명이 함께 일했다. 어머니는 바쁘시고, 아르바이트 학생에게 그 일을 시킬 수는 없는 노릇 아닌가? 해직 교사가 운영하는 국밥집이 위생 상태가 나빠서는 안 된다는 기본 윤리 의식이 있던 터라 곱창을 뒤집어 초벌은 물로 씻고, 이어 굵은 천일염으로 문질러 재차 씻고, 맨 나중에 밀가루를 풀어 씻었다.

홍성봉과 임수빈이 당번이던 어느 날, 비위가 약한 임수빈이 제안을 했다. 원칙은 이틀간 당번이니 하루씩 곱창 씻기를 번갈아 해야 하지만 곱창을 보면 토할 것 같으니, 곱창 손질을 대신해주면 하루 종일 설거지를 하겠다는 것이었다. 홍성봉 입장에서는 '불감청不敢請 이언정 고소원固所願'인지라 흔쾌히 받아들였다.

'소나무야'집 단골손님으로 기억에 남는 분이 전대 심리학과 오수성 교수님이다. 이분은 초저녁에 오시는 경우는 드물고, 늦은 저녁때 쯤 출출하다며 가끔 들르셨다. 당시 가게에서 가장 비싼 안주가 산 낙지인데, 주머니가 가벼운 대학생들이 잘 사 먹지 않아 시일이 지나 죽기 직전으로 신선도가 떨어지는 경우가 종종 있었다. 이를 보시고 오 교수님은 슬며시 산 낙지 안주를 주문하고 늦은 시간 손님이 없을 때면 우리에게 술벗을 해달라며 앉게 하시곤 했다. 참 고마운 분이다.

어느 날은 선명완 선생님이 오더니 어림잡아 200권 남짓 되는 시

전교조 담양지회 해직 교사
(좌로부터 임수빈, 국중화, 박철우, 김제영, 홍성봉, 필자, 고재성)

집을 놓고 갔다. 제목이 '허수아비가 사람을 닮아간다고'로 기억한다. 고맙게도 단골손님들에게 공짜로 나눠주라는 부탁을 했다.

당시 담양지회는 학교 방문 활동을 열심히 했다. 담양의 25개 초·중·고교를 한 달에 두세 번씩 방문하여 전교조 신문이나 전남지부와 담양지회 소식지를 전하고, 현장 교사들의 의견을 들으며 고충 상담을 하기도 했다. 차를 가진 사람이 없어 처음에는 주로 오토바이를 둘이서 타고 다녔다. 오토바이는 봄에서 가을까지는 탈 만했다. 그러나 칼바람 매서운 겨울이 문제였다. 그런데도 오토바이 앞자리에 올라 운전대 잡기를 좋아한 사람은 김제영이다. 앞에 타면 더 추운데도 그러니, 다른 사람들은 못 이기는 척 뒤에 타는 것을 즐겼다. 겨울에는 무릎에 신문지를 접어 넣어 덧대어 입고 달리는 경우가 많았다. 요즘에야 방한 장비가 좋아 그럴 사람이 없겠지만 그때는 그랬다.

오토바이를 타다 어려운 상황을 맞기도 했다. 눈 내린 다음 날 김제영이 여느 날과 마찬가지로 앞자리를 차지하고는 폼 잡고 코너링을 하다 넘어져 무릎과 팔이 까였다. 여러모로 참 힘든 시절이었다.

그때 담양지회는 조합원이 20명 남짓이고 후원 회원이 80명 정도 되었다. 아무리 생각해봐도 놀라운 것은, 4년 6개월 동안 매달 후원하신 선생님도 계셨다는 것이다. 교사 후원금은 주로 담양여중 수학과 류종옥 선생님, 담양중 체육과 변춘섭 선생님, 담양공고 국어과 김봉환 선생님께서 지속적으로 받아다 주셨다. 후원금을 거의 전 교원에게서 받아 전해주시면서도 "미안하다"고 하셨다.

이 후원금으로 해직 교사들은 월 15만 원 정도의 지회 활동비 내지는 생계보조비를 받고 지낼 수 있었다. 어려운 때였지만 사람과 사람 사이에 따뜻한 정이 흐르는, 눈물겹도록 고마운 시절이기도 했다. 4년 7개월 동안의 해직 교사 시절은 어쩌면 끝이 보이지 않은 어두운 터널을 지나는 과정이었다. 그러나 절망하기에는 우리는 젊었고, 참교육을 향한 끓어넘치는 열정이 있었기에 버텨낼 수 있었다.

정당금

1991년 전반기는 노태우 정권의 공안통치 폭력에 맞서 투쟁이 전개되었다. 4월 26일 백골단이 휘두른 쇠파이프에 맞아 명지대생 강경대가 숨졌다. 사흘 후인 29일 전국 60여 개 대학에서 규탄 집회가 열리던 도중 전남대에서 박승희가 분신했다. 이어 안동대 2학년 김영균(5. 1), 경원대 2학년 천세용(5. 3), 전민련 사회부장 김기설(5. 8), 청년운동가 윤용하(5. 10), 노동자 이정순(5. 18) 씨에 이어 전남 보성고등학교 3학년 김철수가 잇따라 분신하여 투쟁의 열기가 확산되었다. 서울, 부산, 광주 등 전국의 많은 도시에서 날마다 밤늦게까지 시위가 계속되었다.

5월 18일, 광주민중항쟁 11주기 기념일에 '고 강경대 열사 장례식'과 '노태우 정부 퇴진 국민대회'가 열렸다. 강경대 열사의 장례 행렬은 경찰과 충돌을 거듭하다 장지인 광주로 출발했다. 밤 동안 호남고속도로를 타고 광주에 도착하여 도청 앞 노제를 치르기 위해 운암동 IC로 나오려다 경찰과 대치했다. 그 시간, 장례 행렬을 맞이하기 위해 광주의 청년학생시민들과 저지하려는 경찰들의 처절한 공방전이 벌어졌다. 운암동 입구~IC에 이르는 길목에서 18일 밤부터 19일 아침까지 밀고 밀리는 싸움이 계속되었다. 소위 '운암대첩'이다. 시위의 선두에 선 청년학생들을 지원하기 위해 운암동 주민들까지 나서서 솥을 걸어 밥을 짓고, 가게에서 병을 구해 전해주거나 자동차에서 휘발유를 빼내 화염병을 만들게 도와주었다. 결국 운암4거리에서 경찰들을 서광주 나들목까지 밀어내서 강경대 열사의 운구 차량과 만날 수 있었다.

고속도로에서 시내로 진입하는 길목을 사이에 두고 경찰과 대치하던 중, 시위 군중의 기지로 고속도로 옆 배수로를 메우고 야산의 나무를 뽑아 길을 열어 운구 차량을 도로로 진입시켰다. 우여곡절 끝에 운구행렬이 운암4거리 국도에 나타나자 길을 가득 메운 채 기다리고 있던 사람들이 우레와 같은 함성 속에 박수를 치면서 운구행렬을 뒤따르기 시작했다. 결국 10만여 명의 인파가 도청 광장에 모여 노제를 치르고, 그날 밤 강경대 열사는 망월동 묘역에서 영면할 수 있었다.

1991년 12월 1일, 서울 연세대학교에서 재야 운동권의 13개 부문단체와 12개 지역단체가 참여하여 '민주주의민족통일전국연합'을 결성했다. 이듬해에는 광주·전남민주연합이 민주주의민족통일 광주·전남연합(이하 '광주·전남연합')으로 재편되었다. 광주·전남연합에서 조직을 정비하려고 회원단체에 상근자 파견을 요구해왔다. 전교조 전남지부에서 내가 대변인으로 파견되었다가 사무처장으로 자리를 바꾸어 금남로 2가 사무실로 출근하기 시작했다. 재편된 광주·전남연합은 치열한 투쟁의 뒤처리뿐만 아니라 조직의 토대를 세우는 일이 시급했다. 제반 사회단체를 망라한 전선조직의 실무집행을 총괄했기 때문에 언제 또 감옥에 갈 줄 몰랐지만 아내는 무언의 지지를 보냈다.

당시 광주·전남연합에는 공동의장이 네 분이었다. 광주시의원이며 전교조 해직 교사인 오종렬, 5·18의 수괴라 불리는 정동년, 소탈하고 열정적인 민중의 벗 정광훈, 불교계의 지도자 지선 스님이었다. 광주·전남연합은 당시만 해도 지역과 부문을 망라한 재야단체의 총결집체이며 정치적 대표체를 자임했기 때문에 영향력이 컸다. 당시 주력 조직은 학생운동이 활발하던 때라서 남총련이었다. 거기에 광주노동조합협의회 등 노동운동, 전교조, 광주민주주의청년연합 등 청년운동, 가톨릭농민회, 기독교농민회 등 농민운동이 주력이었다.

광주·전남연합 사무실에서는 대학을 막 졸업한 젊은 청춘들 10여 명과 함께 일했다. 정당금, 김선진, 박승일, 정광자, 장진성, 조정하, 김영집, 이상걸 등이었다. 그중에 지금도 뚜렷이 기억에 남는 사람은 정당금이다. 정당금은 아기처럼 해맑은 표정에 항상 웃는 낯으로 사무실을 긍정의 에너지가 넘치게 만들었다. 그녀의 어머니는 시장에서 장사를 하며 딸을 대학에 보내놓으면 나중에 버젓한 직장에 취직하고 돈 벌어 당신의 허리가 펴질 것으로 기대했지만 현실은 딴판이었다.

많은 열사들의 죽음을 지켜보며 사명감과 열정으로 뛰어든 사무국의 청년 활동가들은 불확실한 미래 때문에 고민도 많았겠지만 긍정적이며 씩씩했다. 월 10만 원도 되지 않는 활동비를 받았지만 마음은 항상 부자였으며, 전선운동의 최전선에서 일한다는 자부심이 대단했다.

밤늦게까지 일해야 하는 경우도 허다했고, 회의와 보고가 늦은 시간에 이루어지기 일쑤여서 귀가를 못 해 사무실에서 자고 다시 새벽부터 일했지만 힘들기보다 신명나는 시절이었다.

전국 단위 회의가 열리면 돈이 없어 사무실에서 음식을 만들어 먹었다. 지역 단체와 대표자 회의가 열리면 사무실이 미어터졌다. 전화기 두 대가 늘 통화중이었고, 서로 전화를 사용하려고 순번을 정해 줄을 섰다. 기자회견이 있는 날에는 하루 종일 팩스를 보내고 전화를 했다.

컴퓨터도 두 대밖에 없어서 종이에 일일이 메모해놓았다가 교대로 사용했다. 업무가 남아 있으면 출·퇴근 시간 가리지 않고 일했다. 전남지역 각 도시에 홍보물을 배포할 때면 중고 자동차에 가득 싣고 순회하였다.

사무실에서 사무처장인 내가 주로 하는 일은 '놀자' 분위기를 잡는 것이었다. 모두들 누가 말하지 않아도 스스로 일을 찾아 열심히 했기 때문에 나는 '여유를 갖고 재미있게 하자, 그러려면 놀아야 한다'며 긴장된 분위기를 풀려고 노력했다. 농담으로 사무실 분위기를 잡고, 때로 맛있는 것을 먹고, 노래방도 갔다. 아예 사무실 문 잠그고 무등산이나 강천산으로 훌쩍 떠나기도 했다.

5월이 되면 시쳇말로 눈코 뜰 새 없이 바빴다. 각종 집회와 시위가 계속되는지라 선전물을 제작하여 전남 각 지역으로 보냈다. 그중 히트 친 것은 '짜고 치는 고스톱'이라는 선전물이었다. 정당금 등 홍보팀이 기획하여 만든 것으로, 당시 대통령 선거를 위해 3당 합당을 강행한 일을 풍자했다.

이 선전물은 집회 현장과 각 단체로 보내 시민들에게 배부하였으며, 1,000부씩 묶어 전남 시·군 지역으로도 보냈다.

금남로 5·18 행사는 광주·전남연합이 주도하여 준비했다. 당시만 해도 5·18 행사에는 온갖 방해와 탄압이 심했다. 의장단과 김정길 집행위원장은 돈 모으느라 바빴다. 일제강점기 때 독립운동 자금 모으듯 뜻있는 독지가 인사들을 찾아 비용을 마련했다. 당시 5·18 전야제 행사 때는 돈이 없어 발전기 차량을 임대하지 못해 상가에서 전기를 끌어다 썼는데, 행사가 한창 진행되는 중에 누군가가 전원을 뽑아버려 공연이 중단되기도 했다.

5·18 금남로 본대회 행사에서는 내가 사회를 보았다. 본대회가 끝나면 노태우정권 퇴진을 외치는 대규모 시위로 이어졌다. 당시에는 전남대의 5월대, 조선대의 녹두대 등 막강한 투쟁 조직이 있었다.

가두투쟁이 벌어지고, 지랄탄이 날고, 시민들이 백골단에게 끌려갈 때면 어디서 나타났는지 수건 마스크를 쓰고 쇠파이프를 쿵쿵 울리면서 오월대와 녹두대가 행진해 왔다. 인도의 시민들은 박수를 치며 환호했다. 많을 때는 500~600명에 달했다. 지랄탄과 화염병이 연기와 불꽃으로 엉키는 공방전이 치열하게 전개되었다.

내가 연합 사무처장이던 시절, 이런 집회와 가두투쟁이 10여 차례 이상 있었다. 이럴 때면 나는 집회 사회를 보고, 가두투쟁이 벌어지면 비밀이 보장된 장소에 가서 전남대·조선대 투쟁조직 리더들과 전술을 짜고 지휘했다.

나는 기본적으로 평화 비폭력 기조였으나 학생들은 완강했다. 거대한 폭력 앞에 우리를 스스로 지키는 무력은 필요하다는 주장이었다. 시골학교 교사가 투쟁의 전면에 나서게 된 셈이었다. 힘들었다.

12월 대선을 앞두고 정권교체에 대한 열망이 들끓었다. 3당 야합해서 후보가 된 김영삼과 김대중의 대결이었다.

전국연합에서 급보가 왔다. 선거참관인단을 급히 조직해 보내달라는 것이다. 영남과 충청도, 강원도에서는 야당 투개표 참관인을 구할 수 없다고도 했다. 전교조 해직 교사들이 조장이 되어 대학생들을 주축으로 충남, 경남북, 강원도 쪽으로 버스 10여 대에 400여 명의 참관인을 태워 보냈다.

1992년 12월 19일 저녁 6시경, 각 지역에 파견되었던 투개표 참관인단들이 해단식을 위해 전남대학교 대강당에 모였다. 초췌한 얼굴에 다들 눈물을 흘리며 대선 패배의 쓰라림을 안고 '민주정부수립가' 노래를 부르던 장면이 지금도 생생하다.

> 한순간을 살아도 산맥처럼 당당하게
> 침묵의 거리를 박차고 투쟁하는 삶이라면
> 죽음보다 더 깊은 절망의 밤을 태우며
> 눈보라 비바람 속에 전선으로 전선으로

청춘을 바쳐 싸우는 것이 투사의 운명이라면
반역의 세월 찢어버리고 전선에서 다시 만나세
아 아 민주정부 사천만의 희망이여
죽어도 다시 살아도 세우리라 꽃피우리라.

5

전
교
조

사공춘

2005~2006년 2년 임기의 제12대 전교조 전남지부 지부장 선거에 나는 지부장, 완도 소안초등학교 정경자 선생님이 수석부지부장으로 짝을 이루어 출마했다. 우리는 전교조 전남지부 선거인 8,213명 중 7,707명이 투표하는 치열한 선거전 끝에 54.11%의 지지를 받아 당선되었다. 상대 후보는 전교조로 해직되었다가 1994년 해남 화산중학교에 같이 복직했던 조창익 선생님이었다. 지부장에 당선된 후 순천에 있던 전교조 전남지부 사무실을 광주로 옮겼다. 전라남도교육청이 광주에 있기 때문이고, 전임 근무하는 선생님들이 광주권역에 살고 있는 점을 고려했다.

전남지부장 2년 동안 가장 기억에 남는 것은 지적장애아 학부모님들과 같이한 장애인교육권 투쟁이다. 전국 최하위의 장애인 교육 예산 비율(전국 평균 2.73%, 전남 2.19%)이 말해주듯 전남의 장애아 교육 여건은 턱없이 열악했다. 이에 여수·순천·광양 등 동부권 장애아 학부모들이 장애인부모회를 결성하고 장애인교육권 쟁취 투쟁을 전개하기로 결의했다. 그 지역 장애인 학생 대부분이 특수학교인 순천 선혜학교·여수 여명학교에 다니고 있어서 학부모 조직은 어렵지 않게 만들어졌다.

전남지역 장애인 교육환경을 파악한 결과 전국 최악의 수준이라는 것을 알고 전교조 전남지부는 '전남장애인교육권연대준비위원회' [이하 전남장교연(준)]에 참여하고 내가 공동대표단에 합류했다.

8월 4일, 전남장교연(준)은 전남교육청에 정책요구서를 제출한 뒤 교육감과 요구안에 대한 정책 협의를 시작했으나 형식적인 답변서만을 내놓아 결렬되고 말았다.

그 후 8월 16일과 17일 두 차례에 걸쳐 전남도교육청에서 김동의·사공춘·장석웅 공동대표단과 도교육청 담당 교육국장·관리국장 등이 참석한 가운데 정책 협의회가 열렸다. 회의가 진행되는 동안 순천·여수 등 전남 각 지역에서 올라온 장애인 부모님들과 학생 60여 명이 참관했다. 회의가 끝나고 장애인 교육정책 개선을 요구하는 기자회견을 위해 도교육청에 들어가려 하자 교육청 직원 50여 명과 전경 100여 명이 도교육청 정문을 봉쇄했다.

학부모들이 강력하게 항의하며 다시 진입을 시도하자 교육청 직원들과 전경들이 완력으로 저지했다. 이 과정에서 어느 부모님이 머리를 다쳐 응급실에 후송되고 10여 명이 찰과상을 입었다.

사고 소식을 접한 우리 대표단은 협의를 중단하고 도교육청 현관 앞에서 평화적인 기자회견을 요구했으나 거부당하자 12시경부터 교육감의 사과와 협의회에 도교육감이 직접 참석할 것을 요구하며 농성에 돌입했다.

오후 5시경 교육감이 사과하고, 교육감이 참석하는 협의회 개최를 약속하여 농성을 해제하고 철수했다.

8월 24일(목) 전남장교연(준)은 오후 3시부터 밤 11시까지 도교육청과 협의를 진행했으나 도교육청 관계자는 시종 무성의한 태도로 일관하여 결렬되고 말았다. 전남장교연(준)은 교육청 정문 앞에 농성장을 설치하여 노숙 투쟁을 전개할 것을 결의했다. 다음 날인 25일, 장대비가 쏟아지는 가운데 학부모님들이 천막 설치를 시작하자 경찰이 침탈하여 강제로 천막을 부쉈다. 그러나 이에 굴하지 않고 온몸으로 대항하며 천막을 사수하다 여러 명의 부상자까지 발생했지만 결국 농성장 설치에 성공했다.

8월 30일, 전남도교육청 정문 앞에서 전남장교연(준) 주최로 '전남 장애아교육권쟁취 학부모·교사 결의대회'를 개최하였다. 순천·여수·광양·나주·목포 등지에서 올라온 장애인 학부모 150여 명과 전교조 조합원 30여 명 그리고 타 지역 학부모연대(대전·경남) 회원 50여 명이 참석하여 힘차게 투쟁할 것을 결의했다.

9월 6일, 장애인 학부모 등 200여 명이 교육청 앞에 모여 장애인 교육권쟁취 학부모 삭발 결의대회를 가졌다. 7명의 부모님이 나서서 삭발을 했다. 이분들이 울면서 장애인 자녀를 키운 소회를 밝히자 농성장이 울음바다가 되었다.

"우리들의 소원은 하루라도 먼저 자식이 죽는 것이었다. 그러나 지금은 생각이 바뀌었다. 우리 자식보다 하루 더 사는 것이 아니라, 죽는 날 자식 손을 잡고 너 때문에 나 고생

2006년 8월 장애인교육권쟁취 결의대회

참 많았다. 그래도 너 때문에 참세상, 참사랑도 알게 되었다. 참 좋은 세상 되었으니 안심하고 나 돌아갈란다."

9월 15일, '전남장애인교육권연대'(준)가 26개 요구안을 제출하여 협상을 시작한 지 45일, 천막 농성 24일 되는 날, 전남도교육감을 비롯한 교육청 대표단과 전남장교연(준) 대표단은 마침내 26개 사항을 합의 서명하고 전남 장애인 교육 여건 개선을 위해 공동 노력할 것을 다짐했다.

이날 도교육청 정문 앞에서 비를 맞으며 결의대회를 진행하던 150여 명의 학부모들은 협상 타결과 투쟁 승리 소식을 듣고 눈물을 흘리며 부둥켜안고 환호했다. 이어 도교육청 대강당에서 승리보고대회 및 전남장애인교육권연대 출범식을 가졌다. 나와 사공춘(여수장애아학부모회), 김동의(순천장애아학부모회), 김재순(목포장애아학부모회), 4인을 공동대표로 선출하고 이후 장애인교육권뿐 아니라 장애인 복지를 위해 힘차게 투쟁할 것을 결의했다.

학부모들이 준비한 먹을거리로 잔치가 이어졌고, 24일간 정들었던 천막을 치우고 학부모들은 눈물로 승리를 축하하며 그리운 집으로 돌아갔다.

이날 합의 내용은 '치료교사 증원 배치, 직업교육교사 배치, 급식비 지원, 통학비 지원, 유급특수교육보조원 확대 배치, 특수교육대상자의 학교운영지원비 지원, 방과후활동교육비 지원' 등 특수교육 전반에 관한 내용을 포괄한 것으로, 전남지역의 특수교육 발전에 결정적인 전기를 가져온 것이다.

투쟁하던 45일, 장애학생들 및 부모님들과 날밤을 지새우고 동고동락하던 시간은 눈물과 감동의 연속이었다. 결국 전국에서 장애교육 여건을 가장 획기적으로 개선할 수 있는 모범적인 협약안을 마련하여 전국으로 전파할 수 있었다. 당시 투쟁 과정에서 나눈 진한 동지애를 어찌 말로 다 표현할 수 있으랴…. 지금도 당시 함께 활동하던 분들이 모이면 그때 이야기를 나누곤 한다.

이 투쟁에서 가장 인상적인 사람은 여수장애아학부모회 사공춘 대표였다. 당시 그분은 50세로, 장애가 심한 딸 엄마였다. 딸은 특수학교를 이미 졸업했지만 장애인 부모 모임의 대표로 장애교육권연대(준)에 참여하여 헌신적으로 투쟁했다.

그분은 교육청 협상장에서 정연한 논리와 카리스마 넘치는 자세로 교육청 관료들을 제압하였다. 장애인 어머니들에게는 친언니처럼 다정하게 대했고, 광주 농성장에서 여수까지 일주일에 서너 차례 오르내리며 투쟁과 협상을 진두지휘했다.

최미희 사무국장은 작은 키에 온순하게 생겼지만 똑똑하고 야무져서 집회에서 사회도 잘 보았다. 오랫동안 투쟁하다 보니 농성에 참여한 부모님들이 힘들어하며 불만을 터뜨리기도 했지만 사공춘 대표와 함께 잘 다독이며 뒷마무리를 잘했다.

사공춘의 카리스마와 최미희의 열정이 아니었으면 이 투쟁은 성공하지 못했을 것이다. 나도 전교조 전남지부의 모든 역량을 이곳에 투입하여 기대 이상의 성과를 거둔 셈이다.

2005~2006년 투쟁 동지들을 지금도 가끔 만난다. 10여 년이 넘게

지났지만 우리가 만나면 시간은 그때 그 시절 광주에 있는 전남도교
육청 정문 앞에서 멈춘다.

위원장

2009년 3월 1일 자 인사발령으로 남평중학교 다도분교장에 근무하게 되었다. 남평읍에 있는 본교까지는 15킬로미터 정도 떨어져 있고, 집에서는 승용차로 30분쯤 걸렸다. '다도茶道'라는 이름에서 보듯이 차와 인연이 많은 곳이다.

일찍이 다성茶聖 초의선사께서 머리 깎고 출가하신 곳이 다도 덕룡산 운흥사다. 덕룡산 일대에는 비자나무 밑에서 야생 차나무가 자생하는데, 이 차나무 잎으로 만든 것이 바로 비로차이다.

다도는 매력적인 고장이다. 덕룡산에는 불회사佛會寺가 있다. 백제에 불교를 처음 전한 동진東晋의 마라난타 존자가 세운 절이라 한다. 그래서 일주문에는 '초전성지덕룡산불회사初傳聖地德龍山佛會寺'라고 새긴 큰 현판을 달았다. 역사적 유래도 유래거니와, 불회사는 예쁜 절이다. '춘불회추내장春佛會秋內藏'이라 하여 봄에 특히 예쁘다.

봄이면 절에 이르는 10여 킬로미터 길목은 벚꽃으로 장관이고, 대웅전 뒤에는 아름드리 동백이 큰 숲을 이룬다. 법당 건물 밑에는 수

선화가 수줍은 미소를 지으며, 비자나무 숲이 씩씩하게 온 산을 뒤덮고 있다.

도래마을 전통가옥 또한 볼만하며, 전남산림자원연구소에는 수백 종의 나무와 초본류가 자라고 있어 자연박물관을 연상케 한다. 또한 영산강 유역 4개 댐의 하나인 나주댐이 있고, 넓은 나주호가 눈맛을 시원하게 해준다. 학교 본관 앞에는 히말라야시다가 줄지어 서 있고, 바로 옆까지 나주호 물이 출렁거렸다. 좋은 자연환경 속에서 아이들과 마음껏 놀며 꿈과 미래에 대해 이야기했다.

방과 후에는 밴드부 지도교사를 맡아 아이들의 끼를 발산할 수 있도록 도와주었다. 전교생이 12명이어서 모두가 밴드부원이었다.

2010년 6월, 서울에서 몇몇 전교조 선생님이 학교에 찾아왔다. 전교조 위원장에 출마하라는 것이었다. 전부터 설왕설래했지만 그때마다 사양했다. 멀리서 온 분들께는 미안하지만 이번에도 사양했다. 능력이 부족하고, 전교조지부장 한 것도 내겐 과분했다며…. 나는 전교조 위원장이 얼마나 힘들고 어려운 자리인지 너무도 잘 안다. 무한한 인내와 희생을 감내해야 한다. 지방 출신은 생활 때문에 더더욱 그렇다.

9월 중순 무렵, 전교생이 2박 3일간 월출산으로 야영수련활동을 갔다. 서울과 경기에서 온 몇 분이 홍성봉 전교조 전남지부장을 대동하고 나타났다. 월출산 앞 식당에서 막걸리를 먹으며 이야기했다.

그들은 내게 꼭 출마해야 한다고 강권했다. 전교조가 제2의 참교육운동을 천명하고 있는 상황에서 진보 교육감 6명과 함께 학교혁신의 흐름을 만들어야 한다고 했다. 전교조의 변화가 필요하며, 이 사명을 분명하게 안고 갈 사람으로 내가 적임자라고 했다.

본격적으로 고민했다.

잠깐 '일상의 안일과 평화는 내 몫이 아니구나'라고 생각했다. 한 달 남짓 여러 선생님의 의견을 듣고 출마하기로 결단했다.

그다음 날, 30년 동안 피워오던 담배부터 끊었다. 내부 경선 없이 전교조 제15대 위원장 후보로 추천되었다.

치열한 선거를 통해 제15대 위원장에 당선되었다. 상대 후보는 진영효, 박옥주 동지였다. 2년 동안 칼날 위에 서게 되었다. 당선되고 나서 영등포 전교조 사무실에서 당선 기자회견을 했다. 담담히 기자회견문을 읽어나갔다.

존경하는 조합원 선생님, 사랑하는 교육동지 여러분! 그리고 진보 교육감 당선으로 우리 교육의 새로운 변화와 희망을 열어주신 존경하는 국민 여러분!

전교조 제15대 위원장, 수석부위원장으로 당선된 장석웅, 박미자는 이번 선거에 보내주신 40만 교원과 국민들의 지지와 관심에 깊이 감사드립니다.

지난 2년간 전교조는 이명박 정권의 가혹한 탄압을 받았지만 'MB식 경쟁교육을 넘어 전교조, 변화의 중심으로'라는 기치를 들고 탄압을 이겨냈습니다. 그리고 국민들은 6·2 지방선거를 통해 진보교육 시대의 초석을 다졌습니다.

저희는 국민들의 이런 선택이 전교조가 진보교육 시대를 여는 데 앞장서 달라는 격려와 채찍이라 생각합니다. 아울러 지난 2년간의 성과에 대한 조합원의 신임이며, 이명박 정권의 잘못된 교육정책을 심판하고 진보교육 시대를 활짝 여는 조합원의 열망이자 절절한 요구라고 생각합니다.

저희는 조합원들의 이러한 뜻과 국민의 기대에 부응하여 학생, 학부모, 교직원, 나아가 국민 모두에게 행복과 희망을 안겨주는 진보교육 시대를 열어가기 위해, 1989년 전교조 창립 때의 그 열정과 의지로 최선을 다할 것을 약속합니다.

존경하는 국민 여러분!

21세기 학교교육의 목표와 내용은 '암기 위주의 단편적인 지식'과 '이기적인 경쟁'이 아닙니다. 변화하는 시대는 '스스로 학습을 계획하고 해결할 수 있는 능력'과 '비판적이고 창조적인 사고력' 그리고 '주변과 소통하고 협력할 수 있는 능력'을 길러주는 교육을 요구하고 있습니다.

또한 21세기의 공교육은 '차별이 아닌 지원을, 경쟁이 아닌 협력'을 통해 '모든 아이에게 질 높은 공교육을 보장'하는 보편적인 교육복지를 요구하고 있습니다.

그렇기에 지난 6·2 지방선거는 우리 교육의 중대한 전환점이 되었습니다. 진보 교육감의 대거 당선은 귀족학교와 특권 교육, 경쟁만능 교육으로 대표되는 이명박 정권의 교육정책에 대한 국민의 심판이며, 우리 교육의 새로운 전망을 제시할 기반을 마련한 것입니다. 전교조는 이런 시대적 요구와 국민적 여망을 실현하는 데 힘을 다할 것입니다.

첫째, 혁신학교의 성공을 위해 최대한 노력하고 협력할 것입니다.

새로운학교운동을 시작으로 결실을 맺은 혁신학교는 '창의·소통·협력의 교육' 실현을 위해 학교혁신을 바라는 조합원과 교사들의 노력이 맺은 결실이자 국민들의 참교육 지향과 열망을 보여주는 '새로운 학교상'입니다. 한국의 미래가 걸려 있는 교육혁신의 비전입니다. 반드시 성공해야 합니다. 전교조는 혁신학교의 성공을 위해 모든 힘을 모아나갈 것입니다.

둘째, 모든 학교에서 혁신학교의 교육 여건이 실현되도록 교섭하고 투쟁하겠습니다.

개별 지도가 가능한 수준의 학급당 학생 수, 행정업무를 벗어나 교육활동에만 전념할 수 있는 교사들, 탐구·토론식 수업과 협력적 수업이 가능한 시설과 기자재, 교사들의 자발적 협력과 헌신적 노력을 가능하게 하는 교장공모제 등 한국 교육의 혁신을 위해서는 혁신학교의 교육 여건이 모든 학교에 적용되어야 합니다. 이를 위해 과감한 교원 증원과 제도개혁이 필요합니다.

전교조는 모든 학교에도 이러한 혁신학교의 교육 여건이 적용되고 실현될 수 있도록 정부와 교육청과 교섭하고 투쟁해나갈 것입니다.

셋째, 의무교육확대, 무상교육 실현 등 전면적 교육복지 실현을 위해 민주진보세력과 단결하여 투쟁해나갈 것입니다.

국민 대다수가 무상급식에 찬성하고 있습니다. 그리고 무상급식은 '돈'의 문제가 아니라 교육철학의 문제입니다. 학생들이 학교에서 '차별'을 느끼지 않고 행복하게 생활할 수 있도록 보장해야 한다는 '교육복지' 철학의 문제입니다.

아이가 성인이 되기까지 국가가 건강한 학교생활과 교육을 보장하는 전면적 교육복지 체제 구축은 모든 국민의 절실한 요구이자 저출산 고령화 사회로 접어든 한국의 미래를 살리는 길입니다.

전교조는 의무교육 확대, 무상교육 전면 실현 등 교육복지 체제를 위해 민주진보시민들과 손잡고 요구하고 투쟁해나갈 것입니다. 이것이 2012년 총선과 대선에서 국민적 교육의제가 되도록 총력을 다해나갈 것입니다.

이명박 정권의 잘못된 교육정책으로 학교현장은 혼란스럽고 과거로 회귀하고 있습니다. 학교는 일제고사 부활과 학교장의 통제받지 않는 권력 등 70년대의 권위적인 학교문화로 퇴행하고 있습니다. 입학사정관제도는 첫 단추를 잘못 끼웠고, 대학입시 경쟁은 초등학생까지 입시학원으로 내몰고 있습니다. 잘못된 승진제도는 교사를 자살로 내몰고 있습니다. 입학생도 없는 자사고를 일방적으로 확대하고, 학생

2012년 전국교사대회에서 대회사 하는 모습

인권조례를 무력화하려 합니다. 또한 국·영·수 중심의 편식 교육과정과 수능 개악안을 강행하고 있습니다.

게다가 이명박 정부는 국민 대다수의 교육복지 요구를 외면하고 있습니다. 무상급식을 부자급식이라 조롱하며 아이들 밥 먹이는 문제까지 이념투쟁의 도구로 사용하고 있으며, 결식 학생을 지원하기 위한 급식예산마저 전액 삭감하였습니다.

또한 이명박 정권은 과거 군사정권 때보다 훨씬 더 혹독하게 전교조를 탄압하고 있습니다. 명실상부한 교사의 대표 조직이자 최대 교원노조인 전교조를 대화의 상대로 삼기는커녕, 일제고사 관련 해임을 시작으로 시국선언 관련 해임, 정당후원 관련 해임 등 이명박 정권의 전교조 정책은 한마디로 '제거와 말살'이었습니다.

우리는 이명박 정권에 엄중히 촉구합니다.

첫째, 일방적인 경쟁만능 교육정책 중단하고, 대화와 협력으로 한국 교육의 미래를 위한 열린 교육행정을 펼칠 것을 촉구합니다.

전국의 절반을 넘는 학부모가 진보 교육감의 교육정책을 지지하였습니다. 이명박 정부는 이러한 국민의 선택을 존중하여 지난 3년간의 잘못된 교육정책을 전면 전환하고, 국민과 대화를 통해 한국 교육의 미래를 열어가야 합니다.

임기 5년의 정권이 모든 교육 문제를 해결할 수 있다는 오만을 버려야 합니다. 교육 주체가 동의하지 않는 야만적인 교육정책을 중단해야 합니다. 이명박 정권은 지금이라도 잘 못 박힌 대못을 뽑아내고 비판세력의 목소리에 귀 기울이며 '교육백년지대계'를 설계하기 위해 나서야 합니다.

이를 위해 한국 교육혁신을 위한 가칭 '21세기 미래교육위원회' 구성을 제안합니다. 전국과 지역에서 교육 당국, 교원단체만이 아니라 교육감, 교육위원, 자치단체장, 시민사회단체, 문화예술계 등 교육의 변화와 혁신을 바라는 각계각층 인사들이 참여하는 위원회를 구성하여, 사회적 합의 및 협약 체결을 이루어 핀란드나 북유럽처럼 지속적이고 안정된 교육개혁을 추진해야 합니다.

둘째, 전교조 탄압 중단하고 전교조와 대화에 나설 것을 촉구합니다.

교사를 대화 상대, 교육개혁의 주체로 세우지 않는 정권의 교육정책은 실패합니다. 그런 점에서 합법적인 전교조를 일방적으로 탄압해온 이명박 정권의 교원정책은 스스로 교육개혁 실패의 무덤을 파는 잘못된 정책이 아닐 수 없습니다. 이미 국민은 6·2 지방선거에서 정권의 전교조 탄압이 잘못된 것임을 심판하였습니다.

정권은 이제라도 전교조 탄압을 중단하고, 해직 교사들을 교단으로 돌려보내고 전교조와 대화에 나서야 합니다. 정부가 잘못된 교육정책을 철회하고 전교조 탄압을 중단한다면, 우리는 교육개혁을 위해 논의하고 참여할 준비가 되

2012년 8월 교육부의 부당한 탄압에 맞서 불퇴근 투쟁을 벌이고 있는
김상곤 경기교육감과 함께

어 있음을 밝힙니다.

그러나 이명박 정권이 잘못된 교육정책 강행과 전교조 탄압으로 일관한다면 우리는 여태 그랬듯이 국민과 함께, 우리 사회의 양심 세력과 함께 정권의 잘못된 교육정책과 부당한 탄압에 맞서 당당하게 싸워나갈 것입니다. 정권의 잘못된 정책을 국민과 함께 심판해나갈 것입니다.

아울러 우리는 정부가 세계적 유례가 없는 교원과 교원노조의 정치활동 금지를 세계의 보편적인 기준에 따라 허용해줄 것을 촉구하며, 교사들도 시민의 보편적 권리인 정치적 자유를 보장받을 수 있도록 여러 교원단체와 연대해 투쟁해나갈 것임을 밝힙니다.

존경하는 선생님, 사랑하는 조합원 동지 여러분!

이제 전교조는 새로운 국면을 맞이하고 있습니다.

법외노조 10년이 합법화와 참교육 실현을 외치는 저항의 시대였다면, 합법화 10년은 잘못된 교육정책을 비판하고 교섭해온 투쟁의 시대였습니다. 이제 앞으로 10년은 전교조가 지난 20년간 주장하고 실천해온 참교육을 학교현장에서 확산하여 국민으로부터 그 가치와 내용을 검증받는 시기입니다.

이제 전교조가 한국 교육의 실패와 성공을 함께 책임져야 하는 시대가 열렸습니다.

학교혁신 운동, 혁신학교로 학교현장에서 새로운 운동을 확산하겠습니다. 행정 중심에서 수업과 담임활동 중심으로 학교를 변화시키고, 교사와 학생, 학부모의 협력과 배움이 있는 학교로 만들어나가겠습니다. 학교 운영의 비판을 넘어 학교 운영의 주체로 나서겠습니다. 전교조 활동의 시작과 종착점이 학교와 교실이 되도록 하겠습니다.

앞으로의 2년은 10만 전교조를 향한 새로운 도약의 시작이 될 것입니다. 침체된 조직력을 복원하여 명실상부 학교 현장의 대표성을 지닌 전교조로 거듭나겠습니다. 분회는 전교조 활동의 시작이자 종착점입니다. 분회 활성화를 조직 운영의 핵심 과제로 삼고 본부와 지부, 지회를 혁신하겠습니다. 전교조 사업 방식과 조직 운영에 대한 철저한 진단을 통해 사람과 사업, 조직 운영 방식을 혁신하겠습니다.

사랑하는 조합원 여러분, 존경하는 국민 여러분!

지난 20년간 전교조는 아이들의 희망찬 미래를 위해 당당하게 걸어왔습니다.

간혹 미숙하고 거칠었지만, 우리 교육을 생각하는 전교조 교사들의 마음과 진정성은 여전히 아름다운 빛을 유지하고 있습니다.

이제 전교조는 국민들이 주신 새로운 기회를 맞아 새로운 20년을 시작하는 마음으로 새로운 변화와 희망의 진보 교육 시대를 활짝 열어나가기 위해 전력을 다하겠습니다. 이명박 정권의 잘못된 교육정책을 막아내고 변화하는 시대에 필요한 교육의제를 제시해 국민들께 희망을 안겨드리겠습니다. 그리고 이 희망을 실현하기 위해 진보 교육감은 물론 모든 교육감과 소통하고 협력할 수 있는 협의 체제를 구축하고, 미래교육 비전과 대안을 민주진보세력이 함께 논의하고 실천해나가는 교량 역할을 적극적으로 담당해나가겠습니다.

아울러 올곧은 교육자로서, 진보교육의 대안을 실현하는 대안의 전교조로서 우리 교육의 발전을 위해 노력하겠습니다.

2012년, 격동의 한국 사회가 다가오고 있습니다.

시대의 고난을 비켜 가지 않고, 우리 교육의 본질을 꿰뚫는 장산곶매의 눈과 뜨거운 실천으로 우리 교육의 희망을 만드는 전교조가 되겠습니다. 감사합니다.

2010년 12월 12일

이장원

"우리 사회에서 지식인 집단인 교사들이 스스로 노동자임을 선언하고 노동조합을 결성하여 온갖 고난을 넘어 10년 만에 합법화를 쟁취한 쾌거는 한국 지성사에서 가장 획기적인 사건입니다."

2011년 전교조 행사에서 어느 저명한 역사 교수가 한 말이다.

전교조는 우리 교육의 새로운 역사를 만들어왔다. 독재정권의 시녀로 길들여졌던 나약한 교사들이 모여 노동조합의 깃발을 세우고 혹독한 탄압에 맞서 처절하게 투쟁하는 모습에 많은 사람들이 박수를 보내주었다.

교육운동과 노동운동을 넘어서 전교조에 대한 신뢰도와 영향력은 재벌과 정부기관을 제외하고는 최상위를 차지하고 있다(동아시아연구원과 중앙일보가 2013년 발표한 한국의 "파워조직 영향력 신뢰도 조사" 참조).

놀라운 일이다. 조사가 시작된 2005년부터 전교조의 영향력과 신

한국의 파워조직 영향력 신뢰도 조사

영향력					신뢰도				
2013년			2011년		2013년			2011년	
순위	조직명	점수	순위	점수	순위	조직명	점수	순위	점수
1	삼성	7.22	1	7.18	1	현대차	6.16	1	6.46
2	현대차	6.88	2	6.85	2	삼성	6.08	2	6.21
3	검찰	6.58	5	6.43	3	헌법재판소	5.86	4	5.89
4	헌법재판소	6.57	4	6.48	4	SK	5.80	3	6.04
5	SK	6.51	3	6.54	5	LG	5.74	5	5.87
6	경찰	6.33	8	6.25	6	대법원	5.33	6	5.57
7	국세청	6.31	9	6.20	7	금감원	5.26	15	4.46
8	청와대	6.22	10	6.08	8	경찰	5.10	8	4.97
9	LG	6.21	6	6.30	9	감사원	5.07	9	4.93
10	금감원	6.18	12	5.78	10	청와대	5.05	11	4.60
11	대법원	6.15	7	6.29	11	국세청	4.69	7	4.99
12	감사원	6.11	11	5.84	12	새누리당	4.49	21	4.18
13	새누리당	6.09	14	5.52	13	전경련	4.49	10	4.66
14	국정원	5.51	15	5.38	14	검찰	4.48	14	4.51
15	전경련	5.43	13	5.55	15	전교조	4.30	20	4.31
16	전교조	4.80	16	4.82	16	국정원	4.02	13	4.53
17	민주당	4.48	17	4.80	17	참여연대	3.89	16	4.43
18	한국노총	4.40	23	4.51	18	경실련	3.88	19	4.36
19	경실련	4.22	19	4.73	19	한국노총	3.82	23	4.15
20	민주노총	4.12	22	4.56	20	민주당	3.81	17	4.41
21	참여연대	3.95	21	4.56	21	민주노총	3.67	22	4.16
22	뉴라이트	3.82	24	4.45	22	뉴라이트	3.22	25	3.95
23	통합진보당	3.52	24	4.14	23	통합진보당	3.18	19	3.99
24	정의당	2.83			24	정의당	2.62		
평균		5.48	5.42		평균		4.78	4.62	

뢰도는 계속 상위를 유지하고 있으며, 특히 이번 조사에서는 2011년에 비해 신뢰도 면에서 크게 상승한 것이 눈에 띈다. 중앙일보는 자타가 공인하는 보수 일간지다. 조사 결과를 어떻게 해석해야 하는가?

5월 26일 영등포 '하자센터'에서 『참교육 한길로』(법외노조 편) 출판기념회가 열렸다.

자료 수집과 집필에 꼬박 3년이 소요된 이 책은 전교조가 태동하던 1980년대 후반기부터 1989년 전교조 결성, 1999년 전교조 합법화에 이르는 과정을 신국판 1,400여 쪽에 담아냈다.

무지개를 찾아 떠난 소년들처럼 당시 교사들은 참교육이라는 무지개를 찾아보려고 나선 사람들이다. 소년들처럼 순수했고 열정에 들떠 있었다. 이 책은 바로 이들의 이야기다.

이 '전교조운동사'에는 수많은 동지들의 이름이 언급되며, 그들의 순수하고 눈물겹고 뜨거운 사랑과 투쟁의 이야기가 담겨 있다. 그리고 미처 언급하지 못한 더 많은 동지들의 이야기가 숨어 있다.

이장원 선생님은 이 책의 편찬위원장으로서 불철주야 노력했다. 이 선생님은 전교조의 대표적인 논객이다. 전교조 본부 정책실장을 여러 차례 역임하면서 전교조 초반기 주요 과제를 설계하고 의제를 제출했다. 인상은 약간 투박하고 말투도 어눌한 편이지만 주요 문건을 보면 천재적이라 아니할 수 없다. 전교조 초창기부터 배운 바가 많다.

많은 내빈이 참석한 가운데 내가 발간사를 읽어나갔다.

"인간만이 시간적 존재입니다. 여느 동물과 달리 인간만이 과거를 바탕으로 미래를 바라보며 현재를 살아가는, 그런 존재입니다."

우리 전교조가 법외노조 10년의 투쟁사를 책으로 펴내는 것은, 좀 더 나은 미래를 위해 과거를 돌이켜보는 교사 대중의 치열한 자기성찰입니다. 하지만 좀 더 정직하게 말하면 인간다운 세상을 만들어보자던 순수한 열망이 예전 같지 않은 채 살아가는 현재의 우리 모습에 대한 엄중한 질타이기도 합니다.

전교조를 세우려는 것 자체가 참교육을 열망하는 것과 동의어로 받아들여지던 시절이 있었습니다. 그 시절에 전교조를 한다고 하면 뭔가 다른 교사일 것이라고들 여겼습니다. 탄압이 엄혹했던 만큼, 한편에서는 따뜻하게 우리를 바라보던 이들 또한 많았던 시절이었습니다.

그 힘은 세상의 변화를 꿈꾸던 동지들의 순수한 열정에서 비롯되었습니다. 개인을 버리고 동지적 연대로 역사의 어둠을 온몸으로 불태웠던 순결한 몸짓에서 나왔습니다. 우리 아이들을 하늘처럼 섬기고자 했던 그 오롯한 마음에서 나왔습니다. 법외노조 10년의 역사는 그런 삶의 기록입니다. 그분들께 이 책을 삼가 바칩니다.

하지만 어찌 '보이는 것'만 전부였겠습니까? 보이지 않는 곳에서 이름도 없이 빛도 없이 우리 전교조의 피와 살이 되어주고 뼈대와 힘줄이 되어주고 심장과 영혼이 되어준 동지들에 대한 헌사를 우리는 빼 놓을 수 없습니다.

그분들께 이 책을 바칩니다.

그 신산했던 시절, 얼마나 많은 동지들의 건강이 무너지고 가정이 무너졌습니까? 조직과 일정한 거리를 둘 수밖에 없어 죄스러움에 몸을 떨어야 했던 동지들은 또 얼마나 많았습니까? 법외노조 10년사의 행간에는 그런 삶이 기록되어 있습니다. 그분들께도 이 책을 바칩니다.

1,600명 교사 대학살, 광포한 야만의 시대에 참교육 전교조를 외치던 젊은 교사들의 든든한 울타리가 되어 저희를 지켜주시고 때론 매운 회초리를 내리치셨던 국민 여러분께 이 책을 바칩니다.

무엇보다도 우리는 이 책을 우리 제자들에게 바칩니다. 인간이 인간이기를 포기한 야만의 시절에, 우리 교사가 서 있어야 했던 자리는 어디이며 서 있었던 자리는 어디인가를 이 기록은 명확하게 가리키고 있습니다. 우리가 마땅히 서 있어야 할 곳에 서 있지 못했을 때 어떤 일이 벌어졌는가를 이 기록은 보여주고 있습니다.

몸과 영혼에 깊은 상처를 입고 먼저 떠난 제자들에게 이 기록은 진혼곡이기를 바라고, 아직도 깊은 고통에서 허우적거리는 제자들에게는 새로운 출발을 알리는 행진곡이 되기를 바랍니다.

하지만 우리는 과거에만 머물 생각이 없습니다. 법외노조 10년사에 이어 합법노조 10년사를 이어 펴내면서, 앞으로의 전교조 10년사를 몸으로 써나갈 생각이기 때문입니다. 그것은 전교조가 보다 대중적인 관점에서 대안세력으로 성장하는 것입니다. 진보교육의 새 역사를 써나가는 것입니다.

물론 진보 교육감에 대한 우려가 없지 않다는 것을 우리는 잘 알고 있습니다. 그러나 최선이 아니라도 차선을 지켜나가는 것이, 그리하여 그것이 최선이 되는 그날을 꿈꾸고 실천하는 것이 우리가 걸어가야 할 길이 아니겠습니까?

이 책의 발간을 위해 애쓰신 전임 정진화 위원장, 정진후 위원장께 감사의 인사를 올립니다. 여러 자료를 정리하고 조합 활동을 역사로 엮어낸 이장원 편찬위원장님과 곽동찬, 김민곤, 김효곤, 박영신, 신연식 편찬위원의 노고에 경의를 표합니다.

아무쪼록 전교조운동사의 발간이 제목처럼 전교조가 교사 대중들과 함께, 학생 학부모님들과 함께, 국민들과 함

께 '참교육 한길로' 나아가는 소중한 디딤돌이 되길 기원합
니다.

2011년 5월 26일

전국교직원노동조합 위원장 장석웅

곽노현

2011년 1월 6일은 전교조 위원장 임기가 시작된 지 엿새째 되는 날이다. 광주에서 올라와 아직 숙소가 마련되지 않은 상태에서 영등포 사무실 뒤편 임시 숙소에서 자고, 출근하다 슈퍼에 들러 아침밥 대용으로 따뜻한 두유 한 병을 마시고 판매대에 있는 여러 종류의 조간을 사가지고 사무실에 도착했다.

중앙일보를 펴는 순간 1면에 내 기사가 났다. 큰 제목은 "장석웅, 곽노현 체벌금지 우려." 눈이 확 떠졌다. 소제목은 '전교조 위원장, 친전교조 서울시교육감을 비판하다 – 본지와 취임 첫 인터뷰'였다.

아래는 본문 내용이다.

장석웅 전교조 신임 위원장은 5일 "곽노현 서울시교육감이 체벌 전면금지를 전격적으로 시행해 교사들이 혼란을 겪고 있다"고 말했다. 1일 임기 2년의 전교조 위원장에 취임한 그는 본지와의 첫 단독 인터뷰에서 '오장풍' 교사 파문

직후 곽 교육감이 교사들에게 대비할 기간도 주지 않고 체벌금지를 도입하는 바람에 교권 침해 사례가 발생해 우려하고 있다고 덧붙였다. 전교조 위원장이 친전교조 성향인 곽 교육감의 정책에 비판적인 발언을 한 것이다. 장 위원장은 "전교조가 정부의 교육정책에 비판만 했던 것은 잘못이라며 국민의 눈높이를 따라가지 않고 이념에 따라 핵심 운동가들이 활동을 결정해 지지도가 떨어졌다"고 밝혔다. 그러나 "진보(친전교조) 교육감의 등장으로 전교조가 교육의 주류가 되는 시기가 시작됐다. 진보 교육감이 정책의 대세가 될 것"이라고 주장했다.

중앙일보는 다음 날 7일, 논설에서 나의 인터뷰 내용을 긍정 평가하면서도 이런저런 훈수와 주문을 했다. 나를 인터뷰한 기자는 '취재일기' 코너에서 나와의 인터뷰를 주제로 기사를 게재했다. 이후 조합원들의 격려와 질타의 긍정과 부정의 전화가 쇄도했다. '잘 지적했다', '시원하다', '힘내라', '전교조 변해야 한다' 등 긍정적인 의견을 비롯하여 '왜 보수 신문과 인터뷰했느냐', '투쟁을 포기한다는 말 아니냐'는 등의 부정적인 의견도 있었다.

곽노현 서울시교육감의 전격적인 체벌금지 발언은 선거운동 기간 중 서울의 학교를 방문하면서 조합원들이 이구동성으로 지적했던 문제다. "체벌금지는 당연하다. 그런데 구성원들과의 소통 없이 현장에서는 전혀 대비되어 있지 않은 상황에서 발표하는 바람에 학교현장에 혼란이 일어나고 있다"는 것이었다. '체벌 문제는 단순한 체벌의 문제가 아니라 60년, 70년 된 굳어 있는 학교문화의 전면적인 개혁과 관련된 문제라는 것이다.' 나는 인터뷰에서 이를 언급한 것이다.

또 나는 전교조의 변화를 이야기했다. 조직문화와 의사결정구조의 혁신에 대해 이야기했고, 국민과 함께 가는 전교조에 대해 이야기했다. 기자는 이 내용을 짜깁기해 선정적인 문장으로 기사화했다. 중앙일보 보도 이후 온갖 신문사, 통신사, 라디오에서 인터뷰 요청이 쇄도했다. 나는 기꺼이 응했고, 새로운 전교조, 변화하는 전교조의 모습을 보이고자 노력했다.

중앙일보 보도 후 곽노현 서울시교육감에게 전화했다. 오해의 소지가 없으면 좋겠다고 했다.

곽 교육감은 시원시원하게 이야기했다. "체벌 문제에 관해, 저도 이런저런 문제제기에 대해 알고 있습니다. 할 말씀은 했네요. 중앙일보가 우리들 싸움 붙이려고 하네요. 하하! 괘념하지 마세요."

곽노현 교육감과의 인연은 이렇게 본격적으로 시작되었다. 이후 공석·사석에서 많은 자리를 함께했다.

곽 교육감은 매력적인 사람이다. 솔직하고 영민하다. 교사들에게 인기도 많다. 스스로 오디오도 되고 비디오도 된다고 자찬한다. 그해 1월 중순 성공회대학교에서 2박 3일간 열린 전교조 주최 '전국참교육실천대회'에서 곽 교육감이 인사말을 했는데, 연단에 입장하고 퇴장할 때 교사들이 기립하여 박수와 환호를 보내던 모습이 인상적이었다. 시장주의·관료주의에 찌든 서울 교육, 경쟁교육의 상징이라 할 수 있는 공정택 교육감 시대에 절망한 서울 교사들의 변화에 대한 열망의 표현이 이렇게 나타났다고 생각했다.

곽 교육감은 혁신의 주요 의제들을 제안하고 공론화한 사람이다. 문·예·체 교육 활성화, 학생인권조례, 민·관 거버넌스, 교육청의 정책사업 축소, 서울형혁신학교 등이 그것이다. 시대의 변화를 읽을 줄 알고 통찰력을 갖추고 있다. 30년 초·중등교육에 몸담은 사람들보다 훨씬 뛰어나다.

2011년 9월 검찰은 곽 교육감이 교육감 선거 후보에서 사퇴했던 박명기 서울교대 교수에게 선거 후 2억 원을 건넨 것이 후보 매수에 해당한다며 구속영장을 청구했다. 곽 교육감은 아래와 같이 소명했으나 법원은 받아들이지 않았고 구속이 집행되었다.

"교육감 당선 이후 저의 일거수일투족이 감시 속에 있었던 상황에서 제가 어떻게 공사 구별을 게을리하고 법 위반을 할 수 있겠나? 저에게 항상 감시가 따른 건 진보 교육감, 개혁성향이라는 이유일 것이다. 법학자이자 교육자로서, 법으로부터 올바름과 교육으로부터 정직을 배웠다. 올바름과 정직이 제 인생의 나침반이자 안내자이다. 후보 단일화 과정에 위법과 반칙은 전혀 없었다. 박명기 교수가 교육감 선거에 두 번이나 출마하는 과정에서 많은 빚을 졌고, 이때 생긴 부채로 자살마저 생각한다는 얘기를 들어 모른 척할 수 없었다. 박명기 교수의 어려운 처지를 외면할 수 없어 선의의 지원을 했다. 이것이 범죄인지 아닌지, 부당한지 아닌지, 부끄러운 일인지 아닌지는 사법당국과 국민의 판단에 맡기겠다. 공권력은 명확하게 검을 휘둘러야 하지만 제가 가르치고 배운 법은 인정이 있는 법, 사람을 살리는 법이다."

4개월 남짓 복역한 곽 교육감은 2012년 1월 1심에서 벌금 3,000만 원을 선고받고 풀려나 곧바로 교육감 직에 복귀했다. 그러나 2012년 4월 2심에서 징역 1년을 선고받았다. 곽 교육감은 '선의에 의해 도와준 것'이라고 주장했지만, 같은 해 9월 대법원이 징역 1년형을 확정하면서 잔여 형기 8개월을 채워야 해서 재수감되었다. 대법원 확정판결 후 나는 대법원에서 기자 인터뷰를 갖고 다음과 같이 소회를 밝혔다.

"대법원의 유죄판결에 깊은 유감을 표한다. 무엇보다 곽노현 서울시교육감을 신뢰하고 서울 혁신교육의 성공을 위해 함께한 학부모, 교사, 학생들과 이 안타까움을 같이하고자 한다.

곽노현 서울시교육감의 사후매수죄에 대한 헌법재판소의 판단이 임박한 시점에서, 대법원이 정치적으로 오해의 소지가 충분한 판결을 무리하게 강행한 것을 이해하기 어렵다. 대법원은 이번 판결이 헌재의 판단과 일치하지 않을 때 일어날 서울 교육의 혼란과 이로 인한 갈등을 깊이 고려했어야 한다.

교육감 유고로 서울 교육이 어려움에 직면했다. 그러나 소통과 참여의 교육행정, 인권 친화적 학교 만들기, 문·예·체교육 활성화, 서울형혁신학교, 무상급식 확대, 교원업무 정상화 등 혁신교육의 흐름을 되돌리려는 어리석음을 범해서는 안 될 것이다."

곽 교육감이 재판 받을 때마다 법정에 갔다. 매번 법정에는 사람들이 차고도 넘쳤다. 많은 시민과 시민사회 회원들이 모여 팽팽한 긴장 속에서 근심하고 응원하고 간절히 기도했다. 하지만 바람은 이루어지지 않았다.

곽 교육감이 안정적으로 교육감 직무를 수행한 것은 1년여에 지나지 않는다. 나머지 1년은 구속되고 재판 준비하느라 다 보냈다. 그러나 불과 1년여였지만 그가 남긴 '혁신교육'의 씨앗은 죽지 않았고, 열망은 넓고도 깊게 퍼져갔다. 2014년 교육감 선거에서는 13명의 진보 교육감으로 열매 맺었다. 곽 교육감은 혁신교육, 진보교육의 아이콘이다.

2013년 1월 1일 자로 임기 2년을 마치고 소속 학교인 남평중학교 다도분교장으로 복귀했다. 여전히 학교는 아름답고 아이들은 예뻤다. 인사이동이 있어 몇 분 선생님이 바뀌었지만 잘 대해주었다.

전교조 나주지회 부지회장을 또 맡았다. 나주지회에서 곽 교육감 초청강연회를 개최하여 나주에서 그와 재회했다. 2015년, 남평중학교 다도분교장에서 만기가 되어 영암 미암중학교로 옮겼다. 여기서도 분회장과 영암 부지회장을 맡았다. 영암교육청 무지개학교사업의 일환으로 곽 교육감 초청 강연회가 열렸다. 강연이 끝나고 곽 교육감을 수행하는 전문갑 선생과 해남으로 갔다.

해남 이학식당에서 곽 교육감의 오랜 친구이자 서울대 법대 동문인 민인기 자활센터장, 후배 김경옥 선생님과 삼치회를 먹었다. 곽 교육감이 먹고 싶다 해서 미리 준비했다. 먼저 삼치 먹는 법을 가르쳐 주었다. "김 위에 간장양념장을 묻힌 삼치와 뜨거운 밥 약간을 싸서 먹는다. 입안에서 씹으면 안 되고, 혀로 누르면 삼치가 산산이 부서지면서 제대로 맛을 느낄 수 있다."

삼치회에 술 한잔하고 대흥사 일지암으로 갔다. 주지스님이 출타하면서 요사채를 통째로 내주었다. 밤 12시가 넘었다. 나, 곽 교육감, 전문갑 선생, 셋이 밖으로 나왔다. 하늘에 별이 총총 온갖 별이 빛나고 있었다.

곽 교육감이 말했다. "누워서 봅시다."

셋은 법당 앞마당 맨땅에 누웠다. 별이 더 가까이 보이고 더 잘 보이는 것 같았다. 30여 분 동안 일지암 법당 앞마당에 누워 별 총총 밤하늘을 보았다.

다들 무슨 생각을 했을까?

2016년 3월, 곽 교육감은 사단법인 '징검다리교육공동체'를 창립하고 이사장이 되었다. 나는 과분하게도 고문을 맡았다. 그는 '이제 민주주의는 제도에서 모든 시민의 일상적인 민주주의로 넘어가야 할 때'라면서 '제2의 탄생, 사람에서 시민으로', '가르치지 않는 시민교육', '춤추는 민주주의' 등을 목표로 한국 민주주의의 충전지가 되겠다는 당찬 포부를 갖고 일을 추진하고 있다.

'징검다리교육공동체'는 빠른 시간 내에 민주시민교육 단체로 자리 잡고 영향력을 확대해가고 있다.

일지암 마당에 누워 별을 보고 생각한 것이 이 일을 하고자 한 것 아니었을까?

도경진

전교조 위원장에 당선된 후 팍팍한 서울 생활이 시작되었다. 고맙게도 내 고향 전남에서 세 분 선생님이 전임 휴직을 내고 서울 본부 사무실에서 일하기로 했다. 정든 학교를 떠나 가족과 이별하고 서울에서 일한다는 것, 그것도 노동조합 전임을 맡는다는 것은 보통 이상의 결단이 필요한 일이다. 전교조 본부에는 명문대 출신의 쟁쟁한 고수와 맹장들이 진을 치고 있었다. 지방대 출신이라고 무시당하지 않으려고, 능력과 열정에서 결코 떨어지지 않는 것을 보이기 위해서라도 분투노력하는 것이 눈에 보였다. 자기가 맡은 업무뿐만 아니라 진보 시민사회의 온갖 기자회견, 집회, 토론회, 면담에 참석하고 발언해야 했다.

전 전교조 전남지부장이며 '시국선언' 주동자로 해직 교사 신분인 홍성봉 선생님은 편집실장, 장관호 선생님은 정책실장을 맡았다. 도경진 선생님은 참교육실장을 맡았다. 세 분이 맡은 직책은 전교조의 핵심 부서로, 당연직 중앙집행위원이다. 나와 홍성봉·장관호 선생님은 강서구 발산마을에 있는 전교조 숙소(아파트)에서 지냈고, 여성인 도경진 선생님은 본부에 가까운 영등포시장 부근 원룸에서 지냈다.

2011년 3월 11일 월요일 아침, 도경진 선생님이 기획안을 들고 왔다.

"이것이 뭡니까?"

"학교혁신 국제심포지엄을 개최하자는 것입니다."

"아니, 내가 몰라서 물어요? 5개국 교육 관련자들을 불러 모아 5월 11일부터 1주일 안에 전국 15개 시도에서 국제심포지엄을 한다니. 이게 가능하다는 말이요?"

"가능합니다. 마음먹으면 가능합니다. 안승문 원장도 적극 도와주기로 했습니다."

안승문은 이한열의 어머니 배은심 여사의 사위로, 전교조 해직 교사 출신이며 서울시 교육위원을 역임하고 '21세기 교육연구원장'을 맡고 있었다. 웁살라대학 객원 연구원 경험을 바탕으로 유럽 선진국의 학교와 교육의 혁신을 우리나라에 퍼뜨리는 데 신바람이 나 있었다.

"막대한 재원이 필요하고, 국제행사 경험도 없고, 시간도 두 달밖에 안 남았는데 한두 곳 정도만 합시다." 내가 절충안을 냈다.

"임원회의를 소집해서 논의해주세요. 지금은 상상력과 돌파력이 필요한 때입니다."

위원장실에 임원들이 모였다.

"이미 위원장이 전교조의 새로운 변화를 이야기했습니다. 위원장은 선거공약으로 개인적 실천을 넘어 집단적·조직적 실천으로 새로운학교운동과 제2의 참교육운동을 활성화하겠다고 하지 않았나요?"

"그건 그렇지만…."

"언론 인터뷰에서도 저항과 비판을 뛰어넘어 대안을 제시하고 구체적 실천과 참여로 학교와 교실을 바꿔나갈 것이다, 이를 위해 학교혁신 운동을 대중적으로 전개한다고 하지 않았나요?"

"누가 안 한다고 했습니까? 기획안이 너무 비현실적입니다."

"전교조 본부와 지부에 '새로운학교 특별위원회'가 만들어지고 활동하고 있어요. 새로운학교 연구모임도 전국적으로 130여 개에 이릅니다. 6개 시·도 진보 교육감 등장으로 혁신학교가 생기고 관심이 뜨겁습니다. 이럴 때 국제심포지엄을 열어 학교혁신 바람이 전국적으로 동시에 몰아치도록 해야 합니다."

"왜 하필 핀란드, 스웨덴입니까?"

"2009년 이후 여러 차례에 걸친 핀란드·스웨덴 교육 탐방 이후 핀란드·스웨덴 교육에 대한 관심이 많아졌습니다. 학교개혁 가능성과 학교개혁 모델에 관심이 높아졌어요. 전교조 선생님들은 물론 교수나 교육시민사회단체 참가자들의 관심이 더 뜨겁습니다. 이때 맺어진 인적 네트워크를 활용하면 강사 섭외 및 초청도 큰 문제가 없습니다."

(…)

도 선생님의 말은 시간이 갈수록 열기를 띠었다.

"학교혁신에 대한 열망들을 모으는 계기를 만들어내야 합니다. 우리는 7만 조합원이 있고 뛰어난 인재들이 많아요. 방방곡곡에 조직이 있습니다. 이렇게 판을 벌일 조직은 전교조밖에 없습니다."

찜찜했지만 딱히 반대할 수도 없었다. 확신에 차서 자신 있게 이야기하는데…, 결론을 내렸다.

"좋습니다. 합시다. 통 큰 상상력을 발휘하여 현실로 만들어갑시다."

교사들은 기본적으로 자기가 맡고 있는 교과지도와 학급운영에서 최고가 되고자 하는 열망들이 있다. 특히 전교조 교사들이 그렇다. 이런 열망들은 교수·학습방법론 혁신, 통일교육, 공동체 정신 함양, 환경·생태 문제, 인권교육 등 가치교육의 중시로 나타났다. 또한 학생자치활동 활성화, 동아리활동 내실화, 새로운 학교문화 등 다양한 분야에서 선도적인 실천과 함께 창의적인 실천 사례를 만들어냈다.

전교조 교사들은 창립 이후부터 이러한 참교육 실천 활동을 꾸준히 전개해왔고, 동료 교사들은 물론 일부 학부모들로부터도 '무엇인가 다른 교사', '교육의 본질을 추구하는 교사'라는 평가를 받아왔다. 참교육 실천 활동은 전교조가 합법화되는 과정에서 확산되었고, 부분적으로 교육청이 채택하여 일반화되기도 했다.

그러나 전교조가 합법화된 이후 제도개선 투쟁에 주력하면서 참교육 실천은 조합원 개인에게 맡겨지고 전교조 사업에서 주변으로 밀려났다는 비판이 내·외부에서 제기되었다.

이에 대한 성찰을 바탕으로 2008년 이명박 정권의 신자유주의 교육정책이 본격화된 이후 개별 교사의 선구적인 '교실' 내에서의 실천을 뛰어넘어 다수 교사가 함께하는 '학교개혁' 운동으로의 질적 전환에 대한 논의가 활발하게 이루어졌다.

전교조가 합법화될 때까지는 합법화 투쟁에 무게를 실었지만 이후에는 반대를 뛰어넘어 대안세력으로서의 책무를 다해야 한다는 것이다. 즉 대안을 만들고 새로운 교육의 상을 만들어야 하는데, 그 지점을 학교라고 보았다. 학교에 주목하고 지금까지의 성과를 바탕으로 재구조화하여 새로운학교를 만들어보자. 개인적인 참교육 실천 활동과 기존 제도개선 투쟁의 한계를 넘어서는 새로운학교운동으로 전화·발전시키자는 것이었다. 이제 '비판의 언어에서 가능성의 언어'로 전환해야 한다는 것이다.

2011년 5월 11일, '학교혁신을 위한 국제심포지엄' 첫 번째 행사가 개최되는 서울시 교육연수원 대강당은 1,000석의 좌석이 부족할 정도로 열기가 넘쳐났다. 1천여 명의 서울시 교직원이 참석해 대회장을 꽉 채웠다. 곽노현 서울시교육감, 김영훈 민주노총 위원장, 박원순 변호사, 안민석 국회의원 등도 자리를 함께했다. 서울시교육청과 교과부 직원 30여 명이 참석하여 세계의 교육혁신 사례를 경청해 눈길을 끌었다.

서울시 교육연수원에서 열린 '학교혁신을 위한 국제심포지엄'에 참석한
안민석, 박원순, 곽노현, 필자

"무한 경쟁으로 황폐한 교육 현실에서 교사의 자발성에 기초한 혁신학교 운동은 한국 교육의 역사를 새로 쓰는 일입니다. 우리는 오늘 이 심포지엄을 통해 유럽 선진국가의 정부와 지방자치단체가 학교교육 혁신을 위해 어떤 정책적인 노력을 기울여오고 있는지, 급변하는 21세기 시대 흐름 속에서 학교의 기능과 교사들의 역할은 또 어떻게 달라져야 하는지에 대해 유럽 학교혁신 전문가들의 생생한 이야기를 듣게 될 것입니다."

도경진 선생님의 개회사는 떨리고 있었다. 놀랄 만큼 숙연하고 집중하는 참석자들의 눈에서 설렘과 기대가 얼마나 강한지 느껴졌기 때문이리라.

개회식에서 나는 격려사를 통해 "이명박 교육정책 4년 동안 아이들은 무한 경쟁에 내몰리고, 교사들은 개혁의 대상으로 치부되고, 학부모들은 과도한 사교육비로 고통받았다"면서 "이런 상황에서 교사의 자발성에 기초한 혁신학교 운동은 한국 교육의 역사를 새로 쓰는 일"이라고 했다. "한국 교육 역사는 학교혁신 이전과 이후로 나뉠 것"이라며 자신감을 나타냈다.

곽노현 서울시교육감도 기조강연에서 "자생적이고 자발적인 혁신학교 운동은 서울 교육 혁신사에 한 획을 그을 것"이라며 "오늘 유럽 지역 학교혁신 사례 발표를 들은 교원들이 새로운 영감을 얻고 주위에 많은 내용을 전파해주기 바란다"라고 당부했다.

1부에서는 스웨덴 푸투룸학교 한스 알레니우스 교사, 독일 헬레네

랑에학교 알베르트 마이어 교사, 핀란드 라또까르따노학교 사뚜 혼 칸라 교장 등 세 사람의 기조발제가 있었다.

2부 행사에는 성열관 경희대 교수가 '서울형혁신학교의 국제적 의미'라는 주제의 발표에서 "혁신학교 운동은 진보 교육감의 이벤트가 아니라 공교육의 핵심 가치를 추구하면서 바다를 가르듯 묵묵히 항해하는 것"이라며, "우리의 방향은 신자유주의 교육의 반대로 가면 된다. 교육민주화의 강을 이 시점에서 건너고 있는 하나의 도도한 배가 바로 혁신학교"라고 해 큰 박수를 받았다.

'세계의 학교혁신 동향과 전망'을 주제로 '학교혁신 국제심포지엄'이 5월 11일 서울을 시작으로, 5월 18일 강원도 원주까지 전국 15개 지역에서 7천여 명의 교사·학부모·교육전문가가 참여한 가운데 막을 내렸다. 5개국 7명의 교육전문가와 국내 50여 명의 교육전문가가 발제와 토론에 참여했다.

학교혁신의 국제적인 흐름과 전망 및 다양한 경험담을 직접 듣고, 한국 혁신학교 정책의 방향과 비전을 모색했던 당시 경험이 오늘날 전국의 혁신학교에서 교육혁신을 일구는 많은 교사에게 큰 영감을 주었고 동력이 되었으리라 생각한다.

송순재 감리교신학대 교수는 "혁신학교 운동, 우리가 방향을 제대로 잡은 것이 맞다"고 평가했다. 혁신학교 운동이 교육 선진국의 학교혁신 방향과 정확히 일치하고 있다는 것이다.

스승의 날인 5월 15일 학교혁신 국제심포지엄에 참석한 스웨덴 푸투룸학교 한스 알레니우스 교사, 덴마크 가우어스룬스 중학교 마그

누스 테 파스 교장, 핀란드 이바스칼라대학교 툴라 아순타 교수 등 5명의 유럽 교원들이 영등포 전교조 본부 사무실을 찾았다.

한스 알레니우스 교사는 "정부의 잘못된 정책에 맞서 싸우는 모습을 보니 감격스럽다. 앞으로도 아이들을 위한 교육을 함께 해나가자. 전교조의 열렬한 팬이 되겠다"고 했다. 참교육에 대한 설명을 들은 이들은 내가 선물한 참교육 배지를 그 자리에서 옷깃에 달기도 했다.

모두가 불가능하다고 했던 이 사업을 성공적으로 마무리한 것은 전적으로 도경진 선생님 덕이다. 열정과 뚝심으로 전국을 종횡무진으로 뛰어다니며 탱크처럼 밀어붙인 도 선생님을 아무도 못 말렸다. 내가 할 수 있었던 것은 힘을 실어주고 문제가 발생하면 해결해주는 것이었다. 이것도 힘들었지만….

2011년 9월 24일, 새로운학교네트워크가 출범했다. 출범식에 나도 참석하여 축사를 했다.

> "학교는 사랑하는 우리 학생들의 삶의 공간이자, 미래 세대의 역량을 길러주는 공간이어야 합니다. 학교를 통한 학생들의 온전한 배움과 성장을 위해서는, 교육과정과 운영체계, 학교문화 등이 전면적으로 혁신되어야 합니다. 우리가 지향하는 '새로운학교'는 학교 구성원의 소통과 협력에 의해 미래 세대에게 요구되는 배움과 성장을 실현하고, 나아가 자신의 실천적 경험과 성과를 주변 학교에 나누는 등대

학교Pilot School의 역할을 담당하는 학교입니다. 우리는 '새로운학교운동'을 통해 미래형 학교혁신 모델을 구체화하고, 대한민국 모든 학교의 변화와 혁신을 촉진시킬 것입니다."

강영구

지하철 영등포시장역에서 내려 조금만 걸으면 전교조 본부 사무실이 있다. 사무실 한쪽에는 온갖 서류 더미에 묻혀 종일 끙끙대는 사람이 있다. 법률국장을 맡고 있는 강영구 변호사다. 30대 초반인 그녀가 웃으면 더 예쁘고 온 사무실이 밝아진다. 남편은 박주민 변호사다.

당시 그들은 결혼식을 올리지 않고 같이 살았다. 지금은 올렸나 모르겠다.

지난 총선에서 박주민 변호사는 서울 은평 갑에서 국회의원으로 당선되어 꽤나 유명해졌다. 별명이 '거지갑'이라나.

이런저런 행사에서 박 변호사를 만난다. 강영구 변호사와 같이 만날 때도 있다. 그럴 때마다 괜히 손해 본 느낌이 든다. 강 변호사는 얼마나 착하고 예쁘고 일도 잘하는데, 박 변호사는 털털하기 이를 데 없다. 그래도 둘이 좋아해서 잘 사니 보기 좋다.

강영구는 사법시험에 합격한 후 변호사의 길을 걸으면서 곧바로 전교조에 상근 직원으로 취직했다. 전교조에서 일하는 사람들에는 세 부류가 있다. 하나는 전임자로, 학교에서 근무하다 전임 휴직을 하고 전교조에서 일하는 사람들이다. 전국적으로 80여 명 된다. 다음으로 전교조에 채용된 상근 직원들이 있다. 전임자들은 대체로 2년 지나면 학교로 복귀하지만 상근 직원은 직장이 전교조이므로 계속 근무한다. 터줏대감인 셈이다. 마지막으로 해고자들이 있다. 전교조 활동으로 해고된 사람들이다. 전교조에서 일하면서 복직투쟁을 한다. 당시 시국선언 등으로 해직된 사람이 16명이나 되어 전체적으로 30여 명에 이른다. 강영구는 초짜 상근 직원이기 때문에 월급이 200만 원 내외였다. 좋은 로펌 다 마다하고 노동운동 하겠다고 전교조에 들어온 것이다. 기특했다.

강영구의 업무가 갑자기 많아진 것은 전교조 교사들의 정당후원 사건 때문이다.

전교조는 2009년 6월에 1만 7,000명, 7월에는 2만 8,000여 명이 이명박 정권의 민주주의 후퇴를 비판하고 경쟁만능 교육정책 폐기를 주된 내용으로 하는 시국선언을 했다.

이를 기화로 이명박 정부는 모든 공권력을 동원하여 압수수색, 계좌추적, 이메일 압수수색 등 전방위적인 탄압을 자행했다. 시국선언에 대해서는 93명을 기소하고, 16명을 해직하고, 50여 명에게 정직 처분을 내렸다. 또한 압수수색으로 확보한 자료를 근거로 전교조 교사들이 민주노동당에 가입하고 매달 후원금을 냈다 하여 정당법·국가공무원법·정치자금법 위반 혐의로 2011년 8월 초 현재 무려

2011년 전교조 탄압 중단 청와대 앞 단식농성

1,500여 명을 형사기소했다. 전형적인 별건 수사였다.

이번 기회에 눈엣가시 같은 전교조를 말살시키려 작정한 것 같았다.

정당후원사건은 1989년 전교조 결성으로 1,600명이 해직되던 당시에 버금가는 사태가 예견되는 것이었다. 교사 대학살이 재현될 수있는 위급한 상황이었다. 전교조의 존망이 걸려 있는 가운데 전교조는 즉각 비상체제로 전환했다. 전교조는 시민사회와 야당에 부당함을 호소하고 공동 대응을 촉구하는 한편, 재판투쟁에 돌입했다. 본부는 각 시도에서 열리고 있는 재판에 변호사를 투입하고 대응 논리를 숙지시켰으며, 기소된 조합원들에 대한 교육과 재판 대응 지침을 전달했다.

더 나아가 교사공무원의 정치기본권 확보를 위한 투쟁을 전개했다. 상황이 이러하다 보니 강영구는 서류더미에서 밤을 새우기 일쑤였으며, 사흘이 멀다 하고 지역에 내려갔다가 밤늦게 돌아오곤 했다. 그래도 항상 밝고 씩씩했다.

나는 2011년 6월 29일부터 청와대 앞 분수대에서 "전교조 교사들에 대한 사상 유례없는 공안 탄압 중단과 교원의 정치적 기본권 보장" 등을 요구하며 단식투쟁을 했다. 7월 14까지 16일간 이어졌다. 이정희 민주노동당 대표와 최고의원들은 동조 단식을 했고, 민주노총 및 노동·종교·민중·문화·교육·인권 단체 등 제 시민 사회단체의 주요 인사들이 농성장을 방문하여 한두 시간씩 동조 농성을 하기도 했다.

청와대 앞 분수대는 지금은 개방되었지만 당시만 해도 일반인의 출입이 통제되었다. 단, 외국 관광객은 예외였다. 중국 관광객들이 쉴 새 없이 떼 지어 몰려왔다. 우리나라 사람들은 가물에 콩 나듯 보였다. 상징적인 장소라서 그렇지 단식농성할 장소로는 적당하지 않았다. 한참 더울 때라 힘들었지만 그 상황에서는 단식농성 외에는 별로 할 수 있는 것이 없었다.

저녁이면 청와대 입구 청운동사무소 앞에 주차된 전교조 본부 봉고차로 퇴근했다. 간부들이 와서 그날 주요 사항과 다음 날 계획을 보고한다. 잠은 봉고차 안에서 그날 당번을 맡은 전교조 동지 한 사람과 잔다. 사흘에 한 번꼴로 새벽에 인근에 있는 동네 목욕탕에 갔다.

생각해보면 참 어처구니없다. 대한민국에서 교사공무원은 시민이 아니다. 정치적 자유와 권리가 극도로 제약되어 있기 때문이다. 정치적으로 할 수 있는 것은 선거에 투표하는 것뿐이다. 이런 후진적인 행태가 해방 후 지금까지 계속되고 있다.

독일연방의회의 직업 분포를 보면 가장 비율이 높은 직업군이 법조인(15대 20.7%, 16대 23.3%)과 교사(15대 16.1%, 16대 13.2%)라고 한다. 그러니까 독일 국회의원 10명 중 1~2명은 교사 출신이라는 얘기다. G20을 비롯하여 근대적 의미의 정당과 선거제도를 갖춘 나라 중에 교사의 정당 가입과 정치 후원금을 금지하는 것은 우리나라밖에 없다. 글로벌 스탠더드를 그토록 강조하는 우리 정부는 도대체 국제적 표준이 무엇인지 알고나 있는지 의문이다.

2011년 1월 26일, 서울 중앙지방법원 대법정에서 정당후원사건 1심 최초의 선고가 내려졌다. 위원장이 된 지 한 달도 안 된 나는 방청석에서 지켜보았다. 가슴이 두 방망이 쳤다. 이번 재판 결과가 나머지 재판에 결정적인 영향을 끼칠 것이기 때문이다. 전교조의 명운이 결정되는 순간이었다. 벌금 30만 원! 가벼운 탄성. 이윽고 박수 소리…. 이명박 정권의 전교조 말살 책동은 결국 실패로 돌아갔다.

강영구 변호사의 눈자위가 벌겠다. 수고했어! 강변!

2011년 12월 27일 바로 그 자리에서 나도 150여 명의 조합원 동지들과 재판을 받았다. 내가 마지막으로 최후진술을 했다.

진술 기회를 주신 존경하는 재판장님께 먼저 감사드립니다.

저는 무거운 책임감과 간절한 마음을 안고 이 자리에 섰습니다. 정당후원 문제로 전교조 조합원 1,535명이 기소되었습니다. 공무원노조까지 합하면 1,920명입니다. 한국 사법 사상 초유의 일이라고 합니다. 판결이 확정되지도 않았는데 이미 47명이 해임, 정직되었습니다. 이보다 열 배나 많은 선생님들이 징계에 계류 중입니다.

전교조 위원장으로서 저는 법정투쟁에서 승리하여 선생님들을 구출해야 할 무거운 책임감, 그리고 이 법정에서 정의가 바로 서기를 바라는 간절한 마음으로 이 자리에 섰습니다.

존경하는 재판장님!

여기 계신 선생님들은 승진에 연연하지 않고 교육에 대한 열정과 사명감으로 교육활동에 헌신해왔습니다. 대부분의 선생님들이 파출소 한번 가보지 않은 분들입니다. 이런 선생님들을 검찰이 무차별 기소하여 형사처벌하겠다고 합니다.

검찰에서 전화 오고, 출두하여 조사받고, 특별송달 등기우편물 받았을 때의 쿵쾅거리는 가슴, 불안한 마음, 가족들의 염려의 눈길… 어찌 필설로 다 할 수 있겠습니까. 아이들 가르치는 일, 제대로 되었겠습니까? 선생님뿐만 아니라 근무하고 있는 1,500여 개 학교도 힘듭니다.

존경하는 재판장님!

우리 변호인단이 명쾌하게 변론하셨다시피 선생님들은 무죄입니다. 죄가 있다면 다음 두 가지 이유 때문일 것이라 생각합니다.

첫째는 전교조 조합원이라는 것 때문입니다. 선생님들이 전교조 조합원이 아니었다면 결코 기소되지 않았을 것입니다. 전교조 조합원 아닌 교원들은 우리의 10배, 20배 정치자금 후원해도 아무 일 없었습니다.

이명박 시대 온갖 탄압을 받으면서도 경쟁만능의 특권 교육을 비판하고 참교육과 교육 공공성 강화를 위해 활동하는 전교조, 그 전교조의 조합원이라는 것이 죄라면 죄일 것입니다.

둘째는 드높은 사회적 연대의식이 죄라면 죄입니다.

우리 선생님들은 이웃의 아픔과 사회의 아픔, 시대적 과제를 외면하지 않았습니다. 적게는 다섯 군데, 많게는 10여 군데의 복지시설과 시민사회단체 등을 후원해왔습니다. 진보정당 후원도 마찬가지입니다. 척박한 정치 상황에서 진보 정치 발전을 위해 고생하는 분들에게 함께하지 못하는 미안함을 소액 후원을 통해 표현했을 따름입니다.

우리 선생님들이 자기만 생각하고 이웃의 아픔, 시대의 아픔과 희망을 외면했다면 결코 이 자리에 서지 않았을 것입니다.

존경하는 재판장님!

정당후원 기소는 짐작하시다시피 전교조를 압살하려는 정치적 목적으로 이루어진 것입니다.

2009년 전교조는 MB정부 시대의 민주주의의 후퇴를 지적하고, 경쟁만능 교육으로부터 전면 전환을 요구하는 시국선언을 했습니다. 기다렸다는 듯 광폭한 탄압이 뒤따랐습니다. 시국선언 수사한다면서 교사들의 통장과 이메일을 뒤지고, 휴대전화 발신지를 추적하고, 사무실을 압수수색하고, 여기서 불법적으로 취득한 자료를 근거로 정치자금법 위반 등의 혐의로 기소하였습니다. 전형적인 별건 수사와 기소였습니다.

정당후원 문제로 183명의 교사를 1차 기소한 시점은 2010

년 6월 2일 지방선거를 앞둔 때였으며, 1,535명의 교사를 2차 기소한 시점은 총선과 대선을 앞둔 시기였습니다. 정치적으로 중요한 시기마다 전교조의 영향력을 축소·와해시키려는 정치적 의도에서 기획되고 자행된 공권력의 남용이라 아니할 수 없습니다.

그러나 전교조는 굴하지 않고 교사공무원의 정치적 자유를 사회적으로 제기하면서 국민과 함께 당당하게 맞서고 있습니다.

나치 강제수용소 생존자 프리모 레비가 쓴 『이것이 인간인가』라는 책에는 이런 구절이 있습니다. 히틀러 치하의 독일에는 특별한 불문율이 널리 퍼져 있었습니다.

"아는 사람은 말하지 않고, 모르는 사람은 질문하지 않고, 질문한 사람에게는 대답하지 않는다."

이 무지와 침묵이 나치 체제 유지의 원동력이었습니다.

히틀러 치하의 독일인에게 강요되던 무지와 침묵이 한국 사회에 적용되고 있는 대표적 사안이 바로 교사공무원의 '정치적 자유' 문제입니다. 그러나 우리 교사공무원들은 금기와 터부를 깨뜨리고 무지와 침묵에서 벗어나 교사공무원의 정치적 자유에 대해 말하고 질문하고 토론하고 행동해 갈 것입니다. 국민들과 함께 이 길을 갈 것입니다.

"우리도 대한민국 국민이다."
"우리도 시민이다."

"우리는 정치적 금치산자가 아니다."

"우리는 불가촉천민이 아니다."

이상은 지난여름, 가을 거리에서 울려 퍼진 교사공무원들의 절규입니다.

왜 교사공무원만 정치적 자유가 원천 봉쇄되어야 합니까? 교사와 공무원은 이 나라의 국민, 시민이 아니란 말입니까?

우리 헌법 1조 2항의 "주권은 국민에게 있고 모든 권력은 국민으로부터 나온다"라는 구절은 국민주권주의 원리를 나타내는 것이라고 배웠습니다. 바로 국민의 참정권을 말하는 것이며, 참정권은 헌법 1조에 나올 만큼 중요한 기본권으로, 다른 기본권에 비해 우월한 지위를 갖는다는 것도 알았습니다. "사람은 정치적 동물이다"라는 말은 인간의 정치적 욕구는 본능적인 것으로, 자신의 권익과 행복을 추구하는 가장 중요한 수단임을 의미하는 것이라고 깨달았습니다.

이러한 참정권, 즉 정치적 자유를 위해서는 정치적 의사 표현의 자유가 보장되어야 합니다. 그러나 교사공무원에게 이런 자유는 없습니다. 2009년, 시국선언 했다고 16명이 해임되고 30명이 정직처분 받았습니다.

다음으로 정당 가입과 활동의 자유가 보장되어야 합니다. 그러나 아예 생각도 못합니다. 우리나라는 정당에 후원만 해도 형사처벌하고 있습니다.

그리고 선거의 자유입니다. 공무를 떠나 사적인 영역에서는 선거의 자유가 보장되어야 합니다. 그러나 우리에게는 오직 투표권만 있을 따름입니다. 공무담임권도 극히 제한되어 있습니다.

이렇듯 기본권 중 가장 중요한 참정권이 우리나라 교사공무원들에게는 원천 봉쇄되어 있습니다. 교사공무원의 정치적 자유에서 OECD 국가 중 우리나라는 가장 후진적입니다. 이제 우리나라도 글로벌 스탠더드에 맞게 관련 법률이 시급히 개정되어야 한다고 생각합니다.

존경하는 재판장님!

민주주의의 역사를 보면 지금은 너무도 보편적인, 너무도 당연하게 생각하는 민주주의 제도나 국민의 권리가 선각자들의 용기 있는 행동에서 비롯했다는 사실을 알고 놀랄 때가 많습니다. 다음 두 가지 사례를 말씀드리고자 합니다.

1955년 12월 1일, 미국 앨라배마주 몽고메리에 사는 흑인 여성 로자 파크스는 버스 안에서 자리 양보를 요구하는 백인 남성의 강요에 맞서 "싫어요!"라며 거부했습니다. 이로 인해 구금되고 모욕을 받았습니다. 그러자 흑인들의 버스 승차 거부운동이 일어났고, 1년 후에는 법이 개정되어 이러한 차별이 시정되었으며, 10년 후에는 악명 높은 흑백분리법(짐 크로 법)이 폐기되고 흑인의 참정권과 시민적 권리가 보편적으로 인정받게 되었습니다.

1913년 6월 4일, 런던에서 열린 133년 역사의 경마 경주에서 에밀리 데이비슨이라는 여성이 달리는 말에 뛰어들었습니다. 중상을 입고 나흘 후 병원에서 죽었습니다. 그 여성의 옷에는 'vote for women'이라고 쓰여 있었습니다. 다음 날 〈The Times〉 신문은 이 여성의 안위는 언급하지 않고 "재수 없는 여자가 경기를 망쳤다. 국왕 조지 5세의 말이 상처를 입었다"라고만 보도했습니다. 이에 분노한 여성들의 여성참정권을 요구하는 시위가 이어졌으며, 여성참정권 운동이 확산되었고, 결국 보장되었습니다.

존경하는 재판장님!

우리들의 진보정당 후원은 결코 정치적 목적이 아니었습니다.

선의에서 비롯된, 어찌 보면 아주 작은 일이지만 로자 파크스의 용기 있는 행동이 미국 흑인의 시민적 권리를 보편적으로 보장하는 계기가 되었듯이, 에밀리 데이비슨의 행동이 여성참정권 운동의 기폭제가 되었듯이, 이번 판결이 교사공무원의 정치적 자유가 확보되는 계기가 되기를 간절히 원합니다. 한국의 민주주의가 한 걸음 진전하는 계기가 되었으면 합니다.

저는 지난 1월 18일 이 법정에서 열린 정당후원 혐의로 1차 기소된 273명의 1심 선고공판을 방청한 바 있습니다. 사실상 무죄 취지의 판결을 접하고 느낀 감동이 생생합니다.

존경하는 재판장님!

이제는 '사실상 무죄'를 뛰어넘어 '분명한 무죄'임을 선고해주십시오.

역사적인 재판에서 역사적인 판결을 내려주십시오.

한국 민주주의 역사에 길이 남을 위대한 판결을 해주십시오.

경청해주셔서 감사합니다.

전국교직원노동조합 위원장 장석웅

오종렬

1987년 6·29 이후 광주YMCA에서 '열린 국면 속에서 교사들은 무엇을 해야 하는가?'라는 주제로 일주일 간격으로 토론회가 열렸다.

7월 11일, 300여 명이 참석한 광주YMCA 백제실에서 개최된 토론회에서 '자주적 교사단체'를 결성하자는 제안이 나왔다.

그해 8월 1일, 광주 북구 유동 YWCA 강당에서 1박 2일간 '교육민주화를 위한 호남 교사 대토론회'가 열렸다. 광주·전남 각 지역의 그야말로 피 끓는 젊은 교사 100여 명이 모여 토론으로 날밤을 새웠다. 이 토론회에서 전남민주교육추진교사협의회 결성 등 여섯 가지 사항이 결의되었다.

그날 젊은 교사들 사이에서 눈에 띄는 한 사람이 있었다. 50대로 보이는 건장하고 중후한 모습에 백발이 희끗희끗한 분이었다. 이분은 젊은 교사들과 하룻밤을 새우고 폐회 때까지 자리를 함께 지켰다. 알고 보니, 당시 전남대사대부고 교사로 재직 중이던 오종렬 선생님이었다. 그날 이후부터 오 선생님은 교사협의회 관련 회의에 빠지지 않고 참석하셨다. 나와 오종렬 선생님과의 인연은 여기서부터 시작되었다.

훗날 내가 여쭈어보았다.

"어떻게 해서 교사운동에 참여하게 되었습니까?"

"처음 참석하게 된 것은 1987년 7월 11일이었네. 우연히 전남대사대부고 선생님들과 시내 YMCA 앞을 지나다가 교사들의 토론회가 열리고 있다는 것을 알고 들어가서 잠시 지켜보았지. 옳은 이야기들을 하더군. 젊음과 패기가 대단했어. 그런데 한편으로 걱정이 되더군. 권력의 힘이 만만치 않은데 다칠 수도 있다는 생각이 들었어. 행사가 끝나고 나오는데 젊은 선생이 나에게 쪽지를 주더군. 앞으로 행사가 있으면 연락해주겠다는 거야. 그날 이후 토론회에 빠짐없이 나갔지. 내가 나간 이유는 따로 있었어. 그것이 뭐냐면, 젊은 교사들이 저렇게 나가면 반드시 다칠 건데 나같이 나이 먹은 사람이라도 지켜주어야 할 것 같아서였지."

1938년 11월 28일, 오종렬 선생님은 광산군 도덕동 311번지에서 사회운동가 오정근吳正根의 아들로 태어났다. 아버지 오정근은 일본 유학 후 귀국하여 여운형의 건국동맹에서 활동하다 1945년 해방을 맞았다.

사회운동가로 살림을 돌보지 못한 아버지 슬하에서 어렵게 자랐지만, 열심히 공부하여 광주사범고등학교를 거쳐 1965년 전남대학교(교육학 학사)를 졸업했다. 군복무를 마친 후 교단에 섰다. 1966년

12월 17일, 첫 발령지인 금산초등학교 교사 시절 김평님이라는 섬 아가씨와 결혼하여 쌍둥이 아들 맏이 정규, 둘째 창규를 낳고 셋째 명규, 막내 동규로 아들 둘을 더 낳았다. 60년대 당시 혼례 치른 바로 며칠 후 이미자의 노래 '섬마을 선생님'이 나오고 드라마가 나와 대박을 쳤다.

누구나 오종렬 선생님을 바라보면 마음이 든든해지며 기분이 좋아진다. 선생님으로부터 굳은 의지, 정의감, 추진력, 믿음 등의 긍정적인 단어가 떠오른다. 그동안 어디서 무엇을 하고 계셨기에 이제야 나타나신 것일까 하는 야속함마저 갖게 했다. 그때부터 선생님은 젊은 교사들의 든든한 버팀목이 되었다.

9월 27일, 서울 수유리에 있는 한신대학교에서 '전국교사협의회'가 결성되어 오종렬 선생님은 대의원대회 의장으로 선출되었다. 1989년 2월 11일, 800여 명의 교사가 참여한 광주교협 정기총회에서 오종렬 선생님이 회장으로 선출되었다.

그해 5월 14일 전남대 강당에서 2천여 명의 교사가 참석한 가운데 '전국교직원노동조합 광주·전남 발기인대회'가 열렸다. 내가 사회를 보고, 교원노조광주준비위원장인 오종렬 선생님이 우렁우렁한 목소리로 대회사를 했다.

"우리 교육사의 어둠을 가르고 새벽이 깨어나는 또 하나의 5월을 창조하는 역사적인 순간에 왔다. 밟아도 죽지 않는 생명으로, 꺼져도 되살아나는 불꽃으로 교원노조를 결성하여 40만 교직원의 권리를 되찾고 잘못된 교육제도에 희생되어가는 우리 제자들을 살리자."

그러자 전교조를 향한 노태우 정권의 공안 탄압이 절정으로 치달았다. 오종렬 선생님은 전교조 결성에 앞장선 여러 선생님들과 함께 직위해제, 해임, 구속 등 고초를 겪었다.

5월 24일, 오종렬 선생님이 구속되자 전남여고에 예고도 없이 임시 교사가 파견되었다. 그러자 학생들이 거세게 반발했다. 6월 17일, 1학년 2반 학생들은 칠판에 "오종렬 선생님을 돌려주세요!", "우리는 오종렬 선생님의 수업을 받고 싶습니다!"라는 글을 써놓고 마룻바닥에 앉아 수업을 거부했다. 임시 교사를 소개하러 갔던 교감선생님이 학생들을 설득하다 실패하자 교실 뒤에 있는 빗자루를 들고 나와 학생들을 때리는 일까지 벌어졌다.

선생님께서 해직되어 집안 생계가 막막해지자 사모님은 조금도 주저하지 않고 생활전선에 나섰다. 당시 자녀들이 한창 학교에 다닐 때라 생활비가 필요했다. 사모님은 참교육사 상품 판매, 보험 영업, 생활용품 방문판매 등 1인 다역을 하며 돈을 벌었다. 사모님은 남편이 하는 일이 정의롭고 올바르다고 믿고 내조에 충실하였다.

1990년, 전교조는 중앙본부는 물론 각 지부와 지회 단위로도 재야 연합단체인 '국민연합'에 적극적으로 결합하여 투쟁에 나섰다. 그 해 5월 9일, 민자당 창당일을 택하여 전국 17개 도시에서 10만여 명이 참여하여 '민자당 해체, 노태우 정권 퇴진 국민대회'를 열었다. 전교조는 해직 교사를 중심으로 '노태우 정권 퇴진', '90민중대회와 우루과이라운드(UR) 저지 투쟁'에 적극 참여했다. 선생님은 교도소에서 석방된 후에도 투쟁의 전면에서 한 걸음도 물러나지 않았다.

1991년, 선생님은 해직 기간 중 전국적으로 실시된 지방자치제 선거에서 시민단체 후보로 제1대 광주광역시의회 의원에 출마하여 당선되었다.

오종렬 선생님과 두 번째 인연은 1992년, 내가 민주주의민족통일 광주전남연합 사무처장을 맡을 때다. 광주광역시의원으로 바쁜 와중에도 공동의장을 맡아주셨고, 주요 회의와 집회에는 빠짐없이 참석하셨다.

당시 오 선생님의 별명은 '앉으면 잠, 서면 해찰'이었다. 잠이 많아 회의 때면 시도 때도 없이 졸고, 돌아다닐 때는 주의집중이 안 되어 딴생각을 하거나 엉뚱한 행동을 하여 우리에게 웃음을 선사했다. 광주전남연합 실무자들이 붙인 별명이다.

시의원 재직 중인 1994년 6월 10일, 선생님은 범민련 광주·전남지역 본부 결성에 주도적으로 참여하여 통일운동에 관련된 팸플릿을 배부했다가 보안법 위반 혐의로 수배되었다. 당시 쌍둥이 아들이 각각 전남대 총학생회장과 공대 학생회장을 맡고 있었다. 전남대 총학생회장인 아들 오창규가 남총련 의장을 겸했다. 공안당국에서는 선생님을 남총련 배후조종 혐의로 구속하려는 의도였다.

그해 12월, 광주광역시의회 회기 중 경찰서 공안 담당 형사들이 선생님을 긴급 체포하겠다고 통보했다. 선생님은 통보가 오자 경찰에 전화를 해서 자진 출두하겠다고 말하고 잠시 기다리라 하였다. 그리고 곧장 평소 잘 다니던 식당으로 전화를 했다.

"오늘 고기 좋은가요? 육회 한 접시 가득 담아서 사무실에 보내주세요."

사무실에 있던 의회 직원이 물었다.

"웬 육회입니까?"

"응, 이번에 출두하면 언제 나올지 모르겠구먼. 그러면 좋아하는 육회 먹기도 힘들겠지. 들어가기 전에 실컷 먹고 가려네."

오 선생님이 너털웃음을 웃으며 말했다.

"육회 오면 얻어먹을 생각 말아. 나 혼자 다 먹을 거야. 감방에서 나오면 실컷 먹게 해줄게."

이윽고 육회가 배달되어 오자 옆 사람들에게 한 점도 주지 않고 접시를 깨끗하게 비웠다. 그리고 경찰서에 출두했다.

1999년, 선생님은 공권력에 끌려가 3년 가까이 교도소에 갇혀 있다가 바깥세상에 나온 후 15년 동안 '민주주의민족통일전국연합 의장'을 맡았다.

선생님은 15년 세월 동안 광주 집에는 잠깐씩 손님처럼 들렀고, 서울에 거주하다시피 머물면서 민주화운동에 매진했다. 2014년 2월, 건강이 좋지 않아 병원에서 검사를 했는데 간경화 진단을 받았다. 그렇게 집을 떠나 외지에서 돌아다니는 동안 건강이 좋을 리가 없었다. 선생님은 병 치료를 하면서 오랫동안 고심하여 준비했던 '5·18민족통일학교' 건립을 시작했다.

2014년 4월, 선생님은 10년 전에 정부로부터 받은 민주화운동 보상금에다 그동안 제자들 주례를 서거나 강의를 다니며 모은 쌈짓돈과 자녀들이 보태준 돈 등 2억여 원으로 900평의 부지를 매입했다. 건축 공사비 4억여 원은 뜻을 같이하는 단체와 '벽돌 1장 5천 원 쌓기' 성금, 그리고 기능기부(건축공사 기능 소유자의 무상노동 기부) 등으로 충당되어 건물을 지었다. '5·18민족통일학교'는 사회운동 간부 양성과 대중교양기관, 멀리는 갑오농민전쟁부터 5월 항쟁, 나아가 통일까지 실천적으로 살려나갈 수 있는 교육기관으로 자리 잡는 것이 목표였다.

선생님이 '5·18민족통일학교'를 구상한 이유는 5월 항쟁에 대한 '원죄' 때문이었다. 1980년 5월, 선생님은 광주 시내의 전남고등학교 학생주임교사였다. 당시 계엄군의 무자비한 학살에 무력했다. 총상으로 두개골이 두 쪽 난 소년의 시신을 목격했다. 그 후 10여 년 동안 수박을 못 먹었다. 그 후유증은 전교조 결성으로 투옥된 후 좀 나아졌다고 한다.

'5·18민족통일학교'는 김영옥 박중기 배은심 백기완 백낙청 오종렬 이창복 이해동 청화 함세웅을 건립 공동제안자로 모셨다. 2015년, 5·18영령성역에서 직선거리로 2킬로미터 떨어진 담양군 고서면 주산리 31-10번지와 11번지 900평 대지에 4층 건물로 5·18민족통일학교가 완공되었다.

뒤늦게 이 소식을 듣고 나는 이사로 참여했다. 존경하는 어른이 뜻 깊은 일을 하신다는데 가만있을 수 없었다. 오종렬 선생님과의 세 번째 인연은 이렇게 시작되었다. 5·18민족통일학교가 활성화되고 건강이 좀 더 좋아지셨으면 좋겠다.

미
암
중

미암중

2015년 3월 1일 자로 영암 미암중학교로 전근 왔다. 2년 반 있으면 정년이니 마지막 학교인 셈이다. 미암은 월출산 서남쪽에 자리 잡고 있다. 영암읍에서 남서쪽으로 20킬로미터 떨어져 있는, 인구 2,500명의 조그만 면이다. 바닷물이 드나들던 땅이 영산강을 막은 영암방조제로 인해 호수로 변하고, 갯벌이었던 곳이 간척지로 변해 넓은 논밭이 생겼다. 비산비야非山非野는 황토 흙이 좋아 고구마를 대량재배하고 있고, 최근에는 무화과 재배가 한창이다.

영산강을 막기 전에는 세발낙지가 유명했다. 미암 문수포가 집산지였다. 미암 갯벌에서 잡히는 세발낙지에 이웃 독천리 우시장의 소를 잡아 갈비를 넣어 끓인 갈낙탕은 별미로 유명해 많은 식도락가의 발길을 붙잡는다. 독천리 지명과 관련하여 재미있는 전설이 전해 내려온다.

"조선시대 경주 이씨들이 유명 지관의 추천으로 비래산 여근혈에 조상의 묘를 이설하였다. 천하 명당이었다. 이후 경주 이씨 자손이

날로 번창하였으나 한편으로 근친상간 사건이 자주 일어나 가문에 누를 끼치는 일이 많았다.

이를 해결하기 위해 유명한 지관을 다시 모셨다. 지관은 여근혈 묏자리가 명당이기는 하나 음기가 너무 성하여 이런 일이 생긴다고 하며, 산 밑 하천에 우시장을 만들면 남자들이 모여들어 양기가 발산될 것이니 음기를 중화시킬 수 있다고 조언했다.

지관이 말한 대로 하천에 우시장을 세우자 그 후부터 이씨 문중에 우환이 생기지 않았다. 우시장이 생긴 후 '송아지 독犢' 자와 '내 천川' 자를 써서 지명도 독천犢川으로 바꾸었다."

재미있는 이야기다.

학교를 들어서면 진입로에 종려나무가 양쪽에 줄지어 있다. 이른 봄이면 동백꽃이 피고, 종려나무 밑에는 수선화가 수줍게 피어났다.

교장에 교사 6명, 행정실 직원 3명, 교무행정사 1명이 근무했다. 학생은 2학년 3명, 3학년 9명, 계 12명이었다. 초등학교 6학년 4명이 미암중학교로 진학하기로 하였는데 오지 않고 모두 옆에 있는 낭주중학교로 진학하였다.

그 이유는 미암중학교로 오면 1학년 4명, 2학년 3명 합해서 7명에 불과해 복식수업을 받아야 하기 때문이었다. 1학년과 2학년 7명이 한 교실에서 수업을 받아야 하기 때문에 학부모들은 이를 피해 옆 학교로 아이들을 진학시킨 것이다.

나는 자원해서 3학년 9명 아이들의 담임을 맡았고, 사회와 역사 교과를 가르쳤다. 그리고 생활지도를 전담했다. 마지막 2년 반, 열정을 불태우며 마지막을 장식하고 싶었다. 광주에서 출퇴근할 수도 있었지만 관사에서 살았다. 오랜만에 맛보는 여유와 평화를 만끽하며 지냈다.

김두만 교장선생님은 같은 과 3년 후배로 부담스럽기도 했겠지만 존중하고 잘 대해주셨다. 좋은 선생님들과 착한 아이들과 함께하는 학교생활은 천국과도 같았다. 다른 관사에 사는 이석규 선생님과 가끔 관사 앞에서 텅 빈 운동장을 내려다보며 삼겹살에 막걸리를 먹곤 했다. 저녁밥 해 먹기가 귀찮으면 독천에 나가서 구립식당에서 돼지머리국밥을 먹었다.

학생 수가 적다 보니 수업은 1:1 개인지도가 가능했다. 그러나 소집단 협력학습에는 어려움이 많았다. 아이들은 축구를 좋아했다. 전교생 중 남학생이 8명, 여기에 나와 또 한 명의 남교사까지, 모두 10명이 방과 후 시간과 재량활동 시간에 축구를 했다. 힘들었지만 아이들과 부대끼고, 끝나면 시원한 음료를 마시면서 끈끈한 정을 이어갔다.

관사와 학교 뒤편에 텃밭을 만들어 옥수수, 고구마 등을 심어 수확 후에는 쪄 먹고 '고구마 그라탕'을 만들어 나누어 먹었다. 상추, 고추 등은 씻어서 점심시간에 내놓았지만 아이들은 별로 먹지 않았다.

아이들과 교내 야영, 마을 경로당 방문 등 다양한 체험활동을 했다. 겨울방학 때는 아이들을 두 조로 나누어 나와 배은미 선생님이 각각 동행하면서 2박 3일간 영남권을 자유 여행한 기억이 남는다. 특수학교인 소림학교에 가서 아이들과 축구를 하고 봉사활동도 했는데, 그 학교 교장선생님이 "이런 일은 처음이다"라며 아이들을 칭찬하신 일도 기억에 남는다.

정년을 맞이할 때까지 전교조 영암지회 부지회장과 미암중학교 분회장을 2년 반 동안 맡았다. 지회장인 김용철 선생님과 특히 만년 사무국장인 정진이 선생님의 책임감과 열정이 매우 인상적이었다.

박근혜 대통령이 집권하면서 역사의 시계를 거꾸로 되돌리는 행태는 나를 현장 교사로만 있게 하지 않았다. 2015년 들어 박 대통령이 역사교과서 국정화를 본격 추진하자 전면에 나서지 않을 수 없었다. 대책위를 구성하고 상임대표를 맡았다.

2015년 11월 2일, '국사교과서 국정화 저지 영암군민대책위'가 영암군청 앞에서 촛불집회를 열었다. 영암여중·고 학생들을 비롯한 학생·학부모·지역민 등 700여 명이 참여했다. 상임대표인 내가 대회사를 했다.

> "중학교에서 역사를 가르치고 있습니다. 역사교과서 국정화를 반대해서 이 자리에 나왔습니다. 또다시 학생들에게 죄를 짓지 않으려고 이 자리에 섰습니다. 역사교과서가 국정화되면 나는 또다시 거짓말쟁이가 되기 때문입니다."

> "왜냐고요? 저는 1980년 초부터 교사를 했습니다. 당시는 1974년 박정희가 역사교과서를 국정으로 만든 이후 계속 국정 교과서로 가르쳤습니다. 현대사를 가르칠 때 나는 교과서에 나온 대로 5·16은 민족중흥의 역사적 사명을 위해 군

미암중 3학년 1반 아이들과 함께(2015년)

인들이 궐기한 군사혁명이라고 가르쳤습니다.

5·16혁명은 4·19의거(혁명이 아니고)를 계승 발전하고 4·19의거를 완성시킨 것이라고 가르쳐야만 했습니다. 박정희 육군 소장이 탱크 몰고 서울로 쳐들어간 군사반란이라고 가르칠 수 없었습니다.

만약 그렇게 했다면 쥐도 새도 모르게 끌려갔을 것입니다. 그래도 교사의 양심 때문에 괴로웠습니다."

"전두환이 광주시민을 학살하고 체육관 선거로 대통령이 된 5공화국 시대의 역사교과서는 더욱 가관이었습니다. '광주민중항쟁'을 '광주사태'라고 하면서, 시위로 광주지역이 극도로 혼란할 때 군인이 투입되어 사회질서를 바로잡고 북한의 위협에서 나라를 구했다는 식으로 가르쳐야 했습니다. 더욱 웃기는 것은, '5공화국은 민주 복지 정의사회를 구현한다고 가르치라'는 것이었습니다. 언감생심 정의라니요? 이렇게 진실 앞에 눈감고 아이들에게 거짓말을 했습니다. 그래서 죄인입니다."

"다행히 민주화운동으로 민주정부가 수립되고 교과서가 제대로 만들어지면서 아이들 앞에 당당히 설 수 있게 되었습니다. 민주화운동, 통일운동, 노동운동에 대해서도 제대로 가르칠 수 있었습니다.

그러나 박근혜 정부 일정대로 2017년부터 국정화가 되면 아이들 앞에 진실을 말하지 못하고 정권의 꼭두각시, 앵무새처럼 교과서대로 가르칠 수밖에 없을 것입니다. '5·16은 위대한 구국의 결단'이고 '박정희는 위대한 지도자', '이승만은 건국의 아버지', '친일파는 오늘날 우리나라 경제성장의 토대를 닦은 애국자'로 가르치게 될 것입니다."

"김대중·노무현 대통령 10년은 '잃어버린 10년'이라고 하면서 오늘날 우리나라의 모든 문제점의 원인을 김대중·노무현 대통령 탓으로 돌릴 것입니다. 끔찍한 일이 아닐 수 없습니다.

다시는 아이들에게 거짓을 말할 수 없습니다. 일제강점기 우리 민족의 독립투쟁사, 민주화운동의 역사를 당당하게 가르치고 싶습니다. 이를 위해 한국사 교과서 국정화는 기필코 저지되어야 합니다."

"역사교과서를 국정화한다는 것은, 국민들의 자유로운 생각과 주장, 학문과 사상을 억압하고 자기 뜻대로 하겠다는 것입니다.

박근혜 대통령은 단 하나의 역사교과서로 모든 아이들이 단 하나의 생각을 하는 끔찍한 나라를 꿈꾸겠지만, 대다수 국민은 다양한 생각을 하는 개성 넘치는 아이들을 원합니다.

특정한 정치적 필요에 따라 선택한 단일한 해석을 하나의

미암중에서 아이들과 함께(2016년)

교과서에 담아 국민의 생각을 획일화하려는 시도가 얼마나 참혹한 결과를 초래하며 그 폐해가 얼마나 깊고 멀리 가는지는 독일의 나치, 일본의 군국주의나 스탈린 치하의 소련, 북한을 비롯한 일당 체제 국가의 전체주의에서 이미 확인된 역사적 교훈입니다."

"역사를 봅시다. 자, 멀리 가볼까요? 분서갱유라는 말이 있습니다. 책을 불태우고 유학자들을 생매장했다는 말이지요. 진나라 때 시황제가 중국을 통일한 후 막강한 권력·황제권을 강화하고, 국민을 동원하여 만리장성을 쌓고, 엄한 법을 만들어 가혹하게 정치했습니다.

이를 신하와 학자들이 비판하자 진시황은 자기중심의 역사만 남기고 농업 등에 관한 책 이외의 모든 책을 태우고, 460여 명의 유생들을 잡아들여 생매장하는 '분서갱유'를 자행했습니다.

역사교과서 국정화는 현대판 분서갱유라 할 수 있습니다. 국정 교과서 하나만 쓰라는 것은 7종 역사교과서와 약 300만 권의 검인정 교과서를 불태우라는 '분서'에 해당하고, 새로 만드는 국정 교과서를 위해 집필진 수백 명을 몰아내는 것은 '갱유'라 할 수 있습니다. 그렇지 않습니까?

우리나라로 가봅시다. 조선시대 역사 편찬은 춘추관에서 하고, 역사 기록을 담당하는 사람들을 사관이라 하며, 이들이 기록한 역사 자료를 사초史草라 합니다. 사초는 국왕이라 하더라도 자신, 즉 당대에 관한 것은 볼 수 없었습니다. 그러나 연산군은 실록을 보았습니다.

정치적 반대세력을 숙청할 명분을 얻기 위해서였지요.

그리고 마음에 안 든다고 해서 사초를 쓴 사관 김일손을 비롯해 수많은 사람을 죽였습니다. 역사를 사실대로 기록하고 비판해야 하는데 자기 맘에 안 든다고 역사관들을 무수히 죽였습니다."

"박근혜 정권에서 국정화라는 이름으로 국가권력이 역사 교과서 편찬에 직접 개입하여 자신들이 올바르다고 주장하는 역사만을 국민들에게 가르치려 하는 것, 이것은 연산군이 역사 기록(사초)을 마음대로 고친 것과 무엇이 다릅니까? 그리고 이에 반대하는 사람을 종북 빨갱이라고 매도하고 쫓아내는 것은 연산군이 역사 기록이 자기 마음에 들지 않는다며 많은 사관들을 죽이거나 귀양 보낸 것과 무엇이 다릅니까? 동서고금을 막론하고, 최고 권력이라도 함부로 자신의 역사를 평가하거나 간섭할 권리까지 주어지는 나라는 없었습니다. 이성적인 문명국가라면 앞으로도 영원히 없을 것입니다."

"현대사로 오면 군국주의 일본은 1930년대에 직접 교재를 제작해 침략전쟁을 정당화했고, 독일의 히틀러는 집권하자마자 국정 도서를 개발·보급했습니다. 북한은 1945년

11월 이후 국정화했습니다. 이들 나라는 모두 전체주의 국가입니다. 왜 민주주의 국가, 대한민국이 전체주의 국가의 뒤를 따르려고 하는지 알 수 없습니다. 대한민국은 민주공화국입니다."

촛불집회 1주일 후 대책위가 다시 모였다. 그동안 논의되어온 민주단체협의체 건설을 논의하기 위해서다. 영암에는 그동안 상설 연대체가 없어서 주요 사안이 발생하면 그때마다 대책위를 꾸려 사업을 집행해왔다.

때문에 상설 연대체의 필요성을 절감하던 중, 4월 세월호 관련 행사, 8월 통일 주제 강연, 그리고 이번 국정화 저지 촛불집회를 계기로 '영암민주단체협의회'를 결성하기로 했다.

연말까지 준비위를 꾸리고 2017년 상반기에 본 조직을 결성하기로 했다. 지역에 변변한 시민사회단체 하나 없어 지역 정치에서부터 제반 지역사회 문제에 이르기까지 비판과 견제, 대안 제시가 전무한 상황을 획기적으로 바꾸어나가기로 했다. 나와 정운갑 농민회장이 준비위원장을 맡았다.

세월호

세월호 참사 2주년을 맞이하여 교내에서 간략한 행사를 가졌다. 참사 비디오 보기, 추도사 낭독, 연대시 낭독 등이 주요 순서였다. 아이들이 그린 포스터가 교내외에 게시되었다. 뿌듯했다.

저녁에는 영암읍내에서 영암민주단체협의회 이름으로 추모식을 가졌다. 여러 시민들이 참여한 세월호 추모시를 편집하여 연대시 형태로 낭독했다.

아이들을 이대로 가슴에 묻을 수 없습니다

샛노란 개나리며, 연붉은 진달래꽃에 이어
하이얀 목련 꽃대가 올라옵니다.
마을마다 꽃동네, 동네마다 꽃사태입니다.
해마다 이리 봄은 오고 꽃은 지는데
지는 꽃은 다음 해면 어김없이 다시 피는데

꽃보다 더 아름다운, 꽃 중의 꽃, 청춘 이팔청춘 그대들은
작년 이어 올해도 볼 수 없네요.
가슴에 묻은 아이들에게
무엇 하나 달라진 것이 없는 세상을 내려다볼 아이들에게
분노와 부끄러움으로 하늘을 볼 수가 없습니다.
우리는 봄을 맞이할 수가 없습니다.
지금은 결코 봄이 아닙니다.

2년 전, 아, 2년 전 오늘
배가 더 기울까 봐 솟아오르는 쪽을 누르려고
끝까지 옷장에 매달려서 움직이지 말라는 방송을 믿으며,
'가만있으라'는 말을 믿으며
나 혼자를 버리고 다 같이 살아야 한다는 마음으로
공포를 견디었을 바보같이 착한 생명들
물속에서 마지막으로 불렀을 말 엄마/아빠/사랑해!
아, 숨 쉬기도 미안한 사월

수백의 어린 영혼과 함께 대한민국이 침몰한 날,
국민들의 억장이 무너지고 학교가 내려앉은 이날을,
영원히 지워버리고 싶습니다.
꽃다운 생명이 스러져가는데도 구명조끼를 입혀주며
서로 "사랑한다"고 다독이는 아이들 앞에서
우리들의 가슴은 갈가리 찢겼고,

2016년 4월 세월호 집회

"아무것도 도와줄 수 없어 미안하다"며
울부짖는 친구들 앞에서
우리 어른들은 죄인이 되었습니다.
어여쁜 아이들, 누군가의 가족
소중한 사람이었을 아이들이
차디찬 몸으로 말없이 돌아올 때
뜨거운 불덩이를 삼켰습니다.
지켜주지 못해 미안하고
구해주지 못해 미안하고
혼자 돌아와서 미안하고
미안해서 더욱 미안합니다.

아이들을 이대로 가슴에 묻을 수 없습니다.
아이들이 묻고 있습니다.
"도대체 우리에게 무슨 짓을 한 거예요?"
국민들이 묻고 있습니다.
"도대체 국가는 왜 있는가요?"
이 물음에 제대로 대답하지 못하면,
우리는 아이들을 가슴에 묻을 수 없습니다.
제2, 제3의 수많은 세월호들이
지금 이 순간도 누군가의 꽃다운 목숨을 위협하고,
누군가의 가슴을 갈가리 찢어놓을 것이기 때문입니다.

아이들을 이대로 가슴에 묻을 수 없습니다.

돈 몇 푼을 위해 생명을 헌신짝처럼 버리는 비정한 자본,

발뺌과 속임수로 자리 보전에 연연하는 공직자들,

권력의 앵무새가 된 언론이 판치는 한,

순박한 영혼들만 뒤에 남아

얼싸안고 죽음을 맞이하는 참극이

끝없이 되풀이될 것이기 때문입니다.

아직 대한민국은 4월 16일에 멈춰 있습니다.

세월호 참사 2주기가 다가오고 있지만

세월호는 아직 차디찬 바닷속에 있습니다.

수습되지 못한 9명이 아직 거기에 있습니다.

세월호 참사 2주기가 되었지만

진실은 아직 밝혀지지 않았습니다.

도리어 진실을 밝히려는 모든 노력들이

핍박당하고 있습니다.

650만 명의 서명으로 제정된 특별법에 따라 구성된

특별조사위원회의 활동에 대해,

해양수산부는 비협조와 방해로 일관하고 있습니다.

대통령과 청와대에 대한 조사를 온갖 술수를 동원하여

방해하고 거부하고 있습니다.

또한 책임자들은 아무도 처벌되지 않았고

목포신항 세월호 선체 앞에서(2017년)

책임지지도 않았습니다,

현장에서 구조작업을 벌였던 경비정 함장을 제외하고는.

구조 실패에 책임이 있는 윗선 중 어느 누구도

기소되지 않았습니다.

검찰과 감사원은 국정원도, 청와대도

조사하거나 수사하지 않고 있습니다.

특별조사위원회가 특별검사 임명요청안을 발의했지만

19대 국회에서 자동 폐기되었습니다.

그러나 우리 국민은 위대했습니다.

이번 20대 총선에서 국민들은

박근혜와 새누리당을 엄중하게 심판했습니다.

실로 20년 만에 이루어진 여소야대 국회는

세월호 특별법을 개정하고, 특별검사 임명안을 의결하여

성역 없이 수사하고 진실을 밝혀내야 합니다.

이제 우리는 슬픔을 분노로 승화시켜야 합니다.

냉정을 다시 분노로

체념을 다시 분노로

용서를 다시 분노로

분노를 울컥울컥 토해야 합니다.

분노로 진정한 적폐들과 맞서 싸워야 합니다.

그래야 미래의 슬픔을 막을 수 있고

그래야 수백 명의 희생자가 5천만을 구하는
기적이 일어날 것이기 때문입니다.

혼자 슬퍼하면 세상이 달라지지 않을 것 같아서
함께 울겠습니다.
파도가 다른 파도를 데리고 와
하얗게 부서지며 함께 울듯
함께 울고 물결치겠습니다.
이 비정한 세상, 무능한 나라에서
우리가 침묵하면
앞으로 또 우리 자식들이 죽을 수 있다는 생각에
노란 리본을 달고
함께 울고 함께 가겠습니다.

침몰해야 하는 것은
이런 우리들의 작은 생의 조각배들이 아니라
저 부당하고 무능한 정권의 호화유람선입니다.
이제 그만 이 세월호의 항로를 바꿉시다.
모든 인간의 생명과 존엄이 중심인 세상으로
이제 그만 이 나쁜 세월의 선장도 바꿉시다.
우리 모두가 우리 모두의 생의 조타수로
갑판원으로
구조대원으로 나섭시다.

저 아이들의 아픈 영혼들이 실려

저 먼 우주의 은하수로 가는 그 배만큼은 안전할 수 있게

평화로울 수 있게

신날 수 있게

기쁠 수 있게

다시 태어나라, 아이들아.

다시 돌아와 온전히 네 나라를 살아라.

너희가 꿈꾸던 그 나라를 살아라.

사랑한다, 아이들아. 내 새깽이들아.

2016년 4월 15일

영암민주단체협의회

영암촛불

박근혜 탄핵의 촛불이 영암에서도 타올랐다. 2016년 11월 17일, 영암민주단체협의회가 '박근혜정권퇴진 영암운동본부' 결성을 위한 연석회의를 영암의 여러 단체에 제안하여 영암군문화원에서 연석회의가 개최되었다. 15개 단체 20여 명이 참석하여 '박근혜정권퇴진 영암운동본부'를 결성하기로 하였다.

11월 22일에는 대표자회의를 개최하여 영암운동본부 결성을 선포하고, 나(노동 부문)와 정운갑(농민 부문), 김갑님(여성 부문) 그리고 이장단장이 상임대표를 맡기로 하였다.

고문에는 도갑사 주지, 영암읍교회 목사, 원불교 영암교당 교무, 천주교 영암성당 주임신부, 영암군의회 의장을 위촉하기로 하였다. 참여 단체는 30여 개에 이르렀다. 영암 역사상 진보단체와 시민사회가 함께한 것은 최초의 일이라고 하였다.

11월 24일 오후 6시, 영암군청 앞에서 첫 번째 촛불집회가 열렸다. 영암읍내 초·중·고교생과 영암읍민 등 1,000여 명이 참가하였다. LED 차량에서 멋진 영상과 노래가 흘러나오고, 모정마을 풍물패가 흥을 돋웠으며, 초청 가수도 한껏 분위기를 잡았다. 독지가들이 핫팩, 가래떡, 어묵, 계피차를 무료로 제공하는 등 축제 분위기였다.

내가 연단에 올라 대회사를 했다.

"안녕하십니까? 반갑습니다. 추운 날씨에도 박근혜 즉각 퇴진의 한마음으로 이 자리에 모이신 여러분께 감사와 존경의 인사 올립니다. 저는 '박근혜정권퇴진 영암운동본부' 상임대표를 맡고 있는 장석웅입니다.

'박근혜정권퇴진 영암운동본부'는 얼마 전 영암 도갑사, 원불교, 천주교성당, 읍교회 등 종교계 대표, 영암군의회, 영암 이장단 등 군민 대표, 그리고 농민, 노동자, 교사, 공무원, 여성단체, 의료계 등 각계각층이 하루라도 빨리 박근혜를 몰아내고 우리 민주주의를 지켜내기 위해 만든 범군민적인 단체입니다. 군민 여러분과 함께 앞장서서 박근혜 퇴진 운동 열심히 하라고 박수 부탁드립니다."

"'이게 나라냐! 박근혜는 물러나라!' 하며 온 국민이 3차에 걸쳐 촛불을 들었습니다. 초등학생부터 70, 80 어르신에 이르기까지 남녀노소 농촌 도시 전라도 경상도 충청도 가릴 것 없이 촛불을 들었습니다. 2차, 3차 때는 백만 명이 들었습니다. 우리는 아무리 박근혜라 해도 국민들의 엄중한 명령을 무시하지 못할 것이며 퇴진할 수밖에 없으리라 생각했습니다."

"그러나 박근혜와 그 일당은 우리의 요구를 정면으로 거부했습니다, 물러나지 않겠다고, 김진태라는 친박 의원은 '촛불은 바람 불면 꺼진다'고 했습니다. 여러분, 꺼질 것은 촛불이 아니라 김진태요, 박근혜 아닙니까? 외쳐봅시다. 박근혜 꺼져!

이정현 새누리당 대표라는 자는 국민과 언론이 박근혜를 인민재판한다고 합니다. 아니, 인민재판이라니요? 잘못을 비판하는 것을 인민재판? 우리가 공산당이란 말입니까?

또 새누리당 최고위원이라는 자는 '촛불 뒤에는 배후세력이 있어서 뒤에서 조종하고 있다'고 합니다. 배후세력이라니요, 박근혜를 지지하는 5%를 제외한 대한민국 국민 95%가 배후세력이라 생각하는데 맞습니까?"

"얼마 전 검찰이 중간수사 결과를 발표했습니다. 내용은 한마디로 '이번 사건의 주범은 박근혜다'라는 것이었습니다. 국가기밀을 최순실에게 유출하고, 인사와 국가정책에 개입하게 하고, 재벌들을 협박해서 삥 뜯고, 최순실 가족들 배불리고, 같이 나누어 먹고, 흡사 조직폭력배 같은 짓을 했다고 하였습니다.

그런데 박근혜는 검찰 수사 결과를 정면으로 부정하고

있습니다. 따라서 검찰 조사도 거부하고 있습니다. 책임총리 임명도 거부합니다. '탄핵하려면 해라, 배 째라'라며 버티고 있습니다. 탄핵하면 1년 가까이 걸리기 때문에 시간 끌기 하면서 반격을 조직하고 판을 뒤엎으려 합니다. 어떻게 해야 합니까? 구호를 외쳐봅시다!"

"국민의 명령이다. 박근혜는 물러나라! 당장 물러나라!"

"박근혜 물러나라고 하는 것은 최순실 문제 때문만은 아닙니다. 박근혜 3년 반 동안 나라 꼴이 엉망이 되고 살기가 너무도 팍팍해졌기 때문입니다. 세계 최저의 저출산, 최고의 자살률, 최장 노동시간, 상위 10%가 소득의 48%를 가져가는 세계 최고 수준의 소득 불평등 등은 박근혜 정권 때 더욱 심화되고 심각해졌습니다.

농민들 많이 오셨지요. 쌀값이 30년 전 가격입니다. 개 사료보다 쌉니다. 노동자들에게는 성과퇴출제를 도입해서 해고를 합법적으로 할 수 있도록 만들었습니다. 전교조를 탄압하고 법적 지위를 박탈하였습니다.

살인적인 입시 경쟁 속에서 고통 받는 학생들이 정유라 등이 돈과 권력으로 이화여대, 연세대 입학하는 모습을 보며 얼마나 절망하고 박탈감을 느꼈겠습니까? 그래서 우리 아이들도 '이게 나라냐?' 하며 촛불 들고 나온 게 아니겠습니까?"

"박근혜 대통령에게 경고합니다. 우리의 인내심을 시험하지 말라! 즉각 퇴진하라! 여러분, 아메리카 인디언들은 기우제를 지내면 반드시 비가 온다고 합니다. 왜 그런지 아시지요? 비가 올 때까지 기우제를 지내기 때문입니다. 박근혜가 내려올 때까지, 퇴진의 그날까지, 우리나라 민주주의 승리의 그날까지, 국민이 이기는 그날까지 촛불을 듭시다.

함께 외쳐봅시다.

'민주주의가 승리한다! 국민이 이긴다! 우리가 이긴다!'

감사합니다."

촛불집회는 대성공이었다. 2차 집회는 삼호읍에서 했다. 삼호읍에는 현대 삼호중공업이 있어서 인구도 영암읍보다 많다. 삼호읍 집회에는 1차 영암읍 집회 때보다 많은, 1,000명이 넘는 읍민이 참여했다.

2017년 1월에는 '박근혜정권퇴진 전남운동본부' 공동대표까지 겸하게 되었다. 매주 목요일 영암 촛불집회를 열고, 주말에는 전남의 여러 시군과 광주에서 열린 촛불집회에 참석했다.

광화문 촛불집회에도 세 차례 참석했다. 매주 한 번씩 촛불집회하는 것은 만만치 않았다. 돈 없는 집에 제사 돌아오듯이 실무 준비, 연사 섭외 등 할 일이 많았다.

이 일을 묵묵히 처리한 장문규 영암노동상담소 소장과 농민회의 노고가 컸다. 총 열한 번 촛불집회를 했다. 참여 인원이 많을 때는 1,000여 명이 넘었고, 춥고 일기가 불순한 날은 30명이 채 안 되었다. 그래도 사명감을 갖고 열심히 했다.

2017년 11월 영암 촛불집회

드디어 박근혜가 탄핵되었다. 마지막 열한 번째 집회가 영암군청 앞에서 열렸다.

내가 연단에 올랐다.

"오늘은 좋은 날, 기쁜 날! 만세! 국민이 이겼습니다. 우리가 이겼습니다. 민주주의가 이겼습니다. 박근혜가 탄핵되었습니다. 대통령에서 쫓겨났습니다. 누구 힘으로 이렇게 되었습니까? 국회의원이 했습니까? 헌법재판소가 했습니까? 촛불이 했습니다. 우리가 했습니다. 국민의 힘으로 이렇게 만들었습니다.

국민이 나라의 주인이고 모든 권력은 국민으로부터 나온다는 헌법 제1조, 모든 국민은 법 앞에 평등하고 차별받지 아니한다는 헌법 정신이 살아 있음을 보여주었습니다.

20주 138일 동안, 탄핵 촛불 집회에 연인원 1,700만 명이 참여했습니다. 힘들었습니다. 엄동설한에도 촛불을 들고 지켰습니다. 영암에서만 열한 차례, 세 번은 서울 집중으로, 서울로 갔습니다. 농민들은 농기구 몰고 전봉준 투쟁단 일원으로 두 번이나 서울로 갔습니다.

우리의 간절한 마음, 이게 나라냐, 나라를 바꿔야 한다. 아이들의 미래를 위해 나라를 바꾸어, 새로운 대한민국을 만들어야 한다는 우리의 염원이 이루질 수 있는 토대를 만들었습니다.

우리는 박근혜 탄핵하고, 최순실 일당과 삼성 이재용을

구속시켰습니다. 블랙리스트 실행한 조윤선과 박근혜 다음 가는 원흉 김기춘을 구속시켰습니다.

다 끝났습니까? 아직 할 일이 많습니다. 특검 시즌2가 필요합니다. 박근혜를 구속하고, 황교안 퇴진시키고, 미꾸라지 우병우도 구속해야 합니다. 부역자 처벌해야 합니다. 정치검찰, 언론, 국정원, 재벌 개혁해야 하고, 친박 '자유한국당'은 해체되어야 합니다. 이명박·박근혜 적폐 청산도 해야 합니다. 당장 장미꽃 대선에서 이러한 모든 것을 감당할 대통령을 뽑아야 합니다.

때는 봄입니다. 매화, 수선화, 개나리도 피어나기 시작했습니다.

탄핵 결정으로 삼천리 강산에 웃음꽃이 피어나고 있습니다. 박근혜 없는 봄은 더욱 희망차고 아름답습니다. 오늘은 기쁜 날, 막걸리 한잔합시다. 자랑스러운 촛불군민, 위대한 촛불군민, 영암군민들, 수고하셨습니다. 고맙습니다.

2017년 3월 10일
박근혜정권퇴진 영암운동본부 상임대표 장석웅

마지막 수업

　2017년 8월 31일, 영암 미암중학교에서 정년퇴직했다. 굴곡 많고 파란만장했지만 보람과 아쉬움, 기쁨과 환희, 비탄과 절망으로 점철된 38년 세월이었다.

　1978년 9월 25일, 스물네 살 젊은 청춘이 보성 율어중학교에 발령받았다. 치열한 민주화 투쟁의 최전선에서 빠져나와 산골 마을 중학교 총각 선생이 되었다. 한 달도 안 되어 긴급조치 9호 위반으로 학교에서 체포되어 잔혹한 고문을 받은 후 구속되었지만 박정희의 죽음으로 긴급조치가 해제되어 두 달여 만에 석방되고 운 좋게도 곧바로 복직되는 행운을 누렸다.

　지금 생각해보면 여러모로 서툰 교사였지만 열정 하나로 즐겁게 지냈다. 이곳에서 사랑하는 사람과 결혼도 했고, 예쁜 딸과 귀여운 아들도 얻었다. 우린 가난했지만 행복했다. 결혼할 때 전자제품이라고는 17인치 흑백텔레비전이 유일했다. 딸아이 낳고 카세트 라디오를 장만했고, 3년 만에 냉장고를 샀다. 집이 없어서 북향집 아래채에 세

들어 살았다. 땔감을 마련하기 위해 가난한 신혼부부는 주말이면 집 뒷산에 올라 손도끼로 죽은 나무를 패고 솔가리를 긁어모았다. 한 달에 두어 번 광주에 올라가 선후배와 어울리며 세상 돌아가는 소식 듣고, 무진교회에 나가고, Y교협 월례회에 참석했다.

1984년 9월 1일 자로 담양 한재중학교로 발령받았다. 광주 가까운 곳이어서 여러모로 일을 많이 해야 했다. 본격적으로 Y교협 활동을 했고, 전남교사협의회를 창립하고 전교조 결성에 온 힘을 바쳤다. 1989년 7월 4일, 해직당했다. 해직 교사가 된 것이다.

본의 아니게 정든 교단을 떠나게 된 후, 집에서는 죽이 끓는지 장이 끓는지 모르고 싸돌아다녔다. 생계형 피아니스트 아내가 살림과 아이들 양육을 맡았다. 나는 해직 교사를 훈장처럼 달고 철없이 나댄 것이 아닌가 생각된다. 해직 기간 동안 전교조 전남지부 사무국장, 참교육사업단장, 민주주의민족통일 광주·전남연합 사무처장을 맡았다. 전교조와 전선운동의 핵심적인 역할도 했다. 아내는 나와 함께 거리의 투사가 되었다.

1994년, 조창익 선생님과 함께 해남 화산중학교에 복직 발령을 받았다. 같은 사회과 교사인 조 선생님은 내가 전교조 위원장을 맡은 6년 후 전교조 위원장을 맡았다. 화산중학교는 전교조 위원장 2명을 배출한 셈이다. 화산중학교에서 보낸 3년은 나의 제2의 황금기이다. 물론 제1의 황금기는 보성 율어중학교 시절이다.

전교조 해남지회 사무국장을 했다. 해남은 경치 좋고 먹을 것 많고 좋은 사람 많은 곳이다. 많은 사람을 알게 되고 그들로부터 많은 것을 배웠다. 김경옥 민인기 김경윤 박종삼 김덕종….

다음 근무지는 해남 옥천중학교였다. 이곳에서 근무하던 2000년 12월 전교조 전남지부장 선거에 출마했다. 세 명이 출마했는데 보기 좋게 낙선했다. 좀 더 겸손해지고 실력을 키워야 한다는 준엄한 가르침이 아니었나 싶다. 낙선한 며칠 후 2000년 12월 중순경, 이수호 위원장 당선자로부터 연락이 왔다. 전교조 중앙 사무처장을 맡아 같이 일해보자는 것이었다. 별 고민 없이 응했다. 서울 큰 바닥에서 놀아보자는 생각이었다.

2001년 1월 1일, 임기가 시작되었다. 영등포역 뒤편 허름한 건물 2층 숙소에서 2년간 버티며 혼자 지냈다. 내가 사무처장을 맡았을 때는 전교조가 한참 잘나가던 시기였다. 2년 동안 전교조의 토대를 위해 많은 일을 했다. 10만에 육박하는 조직 확대, 조합비 정률제 실시, 여성할당제 도입, 조합원복지사업 추진, 단체협약 체결 등 전교조의 기틀을 다지는 데 기여했다. 물론 이수호 위원장의 지도력과 시대를 꿰뚫어 보는 통찰력 덕분이다.

나는 지금도 감자탕을 잘 먹지 않는다. 당시 영등포 전교조 사무실에서 회의나 행사가 끝나면 밤 12시를 넘기는 일이 다반사였다. 뒤풀이를 하려면 문 여는 곳이 영등포역 앞 감자탕집밖에 없었다(하도 감자탕을 많이 먹어 지금은 보기도 싫을 지경이다).

2002년 10월, 교육시장화 저지 및 교원성과급 반대 1박 2일 연가투쟁을 여의도 문화마당에서 열었다. 전국에서 1만여 명의 조합원이 모여들었다. 저녁 7시부터 시작하여 밤 12시까지 문화행사가 진행되었다, 축제 분위기였다. 서울의 어떤 여선생님은 나에게 와서 '나이트'보다 재미있다고 했다. 여의도 문화마당에서 천막 치고 노숙한 다음 날 1만여 조합원이 서울 시내의 지정된 장소에 가서 선전전을 하고, 오후 2시 나의 사회로 1박 2일 연가투쟁을 마무리했다. 지금은 꿈도 못 꿀 일이다. 자랑스럽고 뿌듯했다.

2002년 12월 31일, 전교조 사무처장직을 마감하고 2003년 1월 1일자로 나주 문평중학교에서 근무하게 되었다. 그러나 2002년 연가투쟁 건으로 기소되어 이수호 위원장을 비롯한 당시 핵심 지도부 5명이 1심에서 집행유예를 선고받았다. 나도 마찬가지였다. 서울시교육청은 기다렸다는 듯이 서울시교육청 소속 4명의 교사를 직위해제했다. 전남도교육청도 뒤따랐다. 일반적으로 교사의 징계는 2심 판결을 보고 이루어진다. 2심 판결이 1심 판결과 달리 나오는 경우가 허다하기 때문이다. 그런데 이례적으로 1심 판결만 보고 직위해제를 한 것이다.

나는 전남도교육청에 항의했다. 아내와 함께 교육감실에서 농성을 했다. 당시 김장환 교육감도 난처했다. 전남도교육청은 당초 그럴 생각이 없었는데 먼저 직위해제 조치를 내린 서울시교육청이 하도 조르고 기관에서도 압력을 넣어 형평성 차원에서 마지못해 했다는 것이다. 2심 결과가 잘 나오면 즉각 복직시킨다는 하나 마나 한 약속을 믿고 사흘 만에 농성을 풀었다. 그해 12월 말, 2심에서 벌금으로 감형되어 선고받은 다음 날 문평중학교로 복직했다.

직위해제 기간에는 순천에 있는 전교조 전남지부 사무실에 가서 일을 거들었다. 학교를 떠나게 된 것이 세 번 있었다. 첫 번째는 1979년 긴급조치 9호 위반 혐의로 구속되어 자동으로 떠났고, 두 번째는 전교조 결성 주도에 의한 것이어서 해임은 스스로 선택한 길이었지만, 세 번째는 여러모로 힘들었다. 그렇지만 아내는 눈치 한 번 안 주고 감내해냈다.

2005~2006년 전교조 전남지부장을 맡았다. 8,500명의 조합원과 함께 열심히 신나게 활동했다. 기꺼이 노동조합 전임자가 된 정경자·김창선·김춘성·장관호·이장규 선생님과 열심히 했다. 참교육 실천 활동뿐 아니라 제반 투쟁에서도 전국에서 가장 모범적이었다. '전교조의 기관차'라는 말을 들었다. 가장 기억에 남는 일은 앞 장에서 언급했듯이 정신지체 아이들의 학부모님들과 함께 투쟁하여 전남의 장애아 교육 여건을 전국 최고 수준으로 확보한 일이다.

2011~2012년, 전교조 위원장에 당선된 후 나는 여러 매체와 인터뷰를 통해 "투쟁 일변도에서 벗어나 국민의 눈높이에서 활동하겠다", "국민의 눈높이에서 활동하는 혁신하는 전교조가 되겠다"고 약속했다. 나는 전교조가 그동안 신자유주의 교육정책에 대한 투쟁을 전개하는 과정에서 참교육 실천 활동을 상대적으로 소홀히 한 측면이 있음을 인정하고 '학교와 교실의 변화'를 핵심 사업으로 설정했다. 이는 2010년 진보 교육감 6명이 당선되고 혁신학교들이 만들어지면서 학교혁신에 대한 관심과 열망이 높아져가는 조합원들 요구의 반영이기도 했다.

나는 전교조 문화도 바꾸어야 한다고 생각했다. 전교조 조합원에게 높은 수준의 희생, 헌신, 용기를 요구하기 때문에 너무 무거운 전교조가 되고 있다고 진단하고 엄숙주의를 탈피하여 젊은 사람들의 감수성을 받아들일 수 있는 '열린 전교조', 좀 더 '경쾌한 전교조', '소통하는 전교조'가 되어 현장의 요구에 좀 더 귀 기울여야 한다고 생각했다.

특히 조직 내 민주주의에 대한 고민이 많았다.

흔히 노동조합의 조직운영 원리로 민주집중제를 말한다. 좋은 이야기다. 그런데 실제로는 민주주의는 형식화되고 집중만 강조한다. 결국 소수 핵심 활동가가 모든 것을 결정하고 조합원들은 맹종을 강요받고 있다. 단결, 단결, 하면서 이견異見을 허용하지 않고 독선과 독주로 흐르는 경향을 많은 노동조합 활동에서 목도하곤 했다. 전교조도 예외가 아니었다. 조합원이 주인이 되는 전교조, 조합원과 직접 소통해서 참여를 끌어내는 전교조를 만들고자 했지만 현실의 벽, 관행의 벽은 넘지 못했다.

전교조 변화의 시도는 얼마 가지 못했다. 5월 학교혁신 국제심포지엄이 대성공하면서 학교혁신의 바람이 불어왔지만 일장춘몽이 되고 말았다. 이명박 정권이 전교조 말살을 위한 회심의 카드로 진보정당 후원 문제를 끄집어내어 무려 1,700명을 형사기소하는 만행을 저질렀기 때문이다.

전교조가 사느냐 죽느냐의 문제였기에 조직은 비상체제로 전환하고 이를 저지하기 위한 투쟁에 돌입할 수밖에 없었다. 다행히도 벌금 30만 원 수준으로, 그것도 태반이 선고유예로 정리되면서 저들의 기도는 막아낼 수 있었다. 그러나 이로 인해 전교조 변화를 위한 시도는 찻잔 속 태풍으로 끝나고 말았다. 아쉽기 그지없다.

그간 전교조 활동을 하면서 위원장을 비롯하여 분에 넘치는 주요 직책을 맡았다. 많은 동지들로부터 지지와 협력을 받았지만 정치적 입장 차이로 공격과 비판도 많이 받았다. 전교조에는 참교육 실천에 방점을 찍는 입장과 교육노동운동에 방점을 찍는 입장이 있다. 두 입장은 전교조를 끌어가는 두 수레바퀴다. 강조점이 다를 뿐이다. 사실 큰 차이가 있는 것도 아닌데 선거 시기에 격돌하면서 갈등이 깊어진 측면이 있다. 나도 참교육 실천을 강조하는 입장의 중심에 서 있었기 때문에 책임이 있다. 왜 좀 더 포용하고 양보하고 함께하지 못했을까 하는 아쉬움이 있다.

정년을 눈앞에 두고 어떻게 마무리할까 고민했다. 영암 미암에서 2년 반 동안 살면서 영암민주단체협의회 상임대표, 영암촛불 상임대표를 맡으며 고생했으니 영암 지역사회 차원에서 퇴임식을 하자는 의견도 있었고, 교육감 선거도 있고 하니 각계각층의 분들을 초대하여 대규모로 하자는 의견도 있었다. 모두 물리치고 학교에서 선생님들과 아이들 앞에서 간단히 인사하는 것으로 마무리했다.

2017년 8월 26일, 목포 신항 세월호 선체 앞에서 전교생 8명을 데리고 마지막 수업을 했다. 목포 신항을 찾아오는 추모객들을 위해 리본을 만들고 유인물을 나누고 차를 대접하는 봉사활동을 두 시간 동안 하고 한 시간은 수업을 했다. 각자 소감도 이야기하고, 우리나

라가 어떤 나라가 되면 좋겠는지 서로 이야기했다.

나는 이야기했다. "너희들과는 곧 이별이지만 너희들의 생명, 미래, 꿈과 희망을 만드는 일에 앞으로도 함께할 것"이라고. "그 길에서 다시 만날 것"이라고 힘주어 이야기했다.

끝나고 영암 독천에서 만찬을 했다. 자장면과 짬뽕, 그리고 탕수육으로.

애들아, 안녕!~

chapter 7

우 리 교 육 의 지 향

전남 교육의 지향

　　교육은 국민의 4대 의무 중 하나다. 모든 국민은 일정 기간 국가로부터 교육을 받아야 한다. 이 의무는 국가 입장에서 보면 국민을 교육해야 할 의무가 된다. 이때, 국가가 모든 국민을 교육한다는 것의 가장 큰 의미는 무엇일까? 그것은 모든 아이에게 어떠한 이유에서도 차별받지 않고 교육받을 수 있는 권리를 보장해주어야 한다는 것이 핵심일 것이다. 이는 국민이 국가로부터 보장받는 평등권의 정신에도 맞다. 이러한 국가의 교육 책임은 시·도 교육청 교육행정의 가장 기본적인 철학이 되어야 한다.

　　이러한 국가의 책임이 전국 모든 학교에 똑같은 교육과정과 교재를 제공하는 것으로 끝나는 것은 아닐 것이다. 교육 여건이 학생에게 어떻게 제공되고 있고 어떻게 학습되고 있는지 그 과정에 대한 책임도 존재한다.

　　그런 의미에서 우리가 공교육에 대한 가장 기본적인 책임을 다하고 있는지 돌아보게 된다.

모든 교육정책은 정책의 유의미성을 따지기 전에 기본 전제가 무엇인가를 살펴보는 것이 중요하다. 지금 전남의 교육정책은 나름 필요에 근거하여 도입되었겠지만, 그 정책이 얼마나 효과적으로 추진되고 있느냐를 평가할 때 반드시 제시되어야 할 기준은 전남 교육의 지향(전남 교육의 비전)에 적합한가이다. 동시에 살펴보아야 할 것은 정책의 유효성을 검증하는 가장 기본적인 단위가 학교현장, 더 나아가 학생들이 중심인가 하는 점이다. 많은 교육정책이 성공적으로 추진되었다고 하는데도 학교의 교육 여건은 더욱 열악해졌고, 교사들은 교육하기 힘들어졌다고 아우성이다. 또 전남 학생들의 기초학력을 비롯한 제반 학업성취가 다른 지역 아이들보다 갈수록 떨어졌다는 것은 어떻게 설명할 수 있을까?

이런 점에서 전남 교육은 변해야 한다. 앞으로 전남도민의 기대와 신뢰를 얻고, 전남 교육이 미래의 희망을 만들어내기 위해 지향해야 할 방향을 몇 가지 제시해보고자 한다.

한 아이도 포기하지 않는 교육

학교는 학생의 교육받을 권리를 보장해주어야 하고, 교육청은 학교가 이러한 역할을 잘 감당할 수 있도록 지원해주어야 한다. 이를 두 가지 관점에서 이야기해보겠다. 첫째는 학생을 기준으로 교육받을 권리, 즉 교육 여건의 평등성에 대한 문제이다. 둘째는 교육받는 과정에서 학생 간의 차이를 인정하고 이에 적합한 교육을 제공하려는 교육과정의 평등성에 대한 문제이다.

먼저 전남의 학생들은 어느 학교에 다니든 차별 없이 교육받을 권리를 보장받고 있을까?

현재 전남 교육에서 가장 현안인 농·산·어촌의 작은 학교 살리기 사업은 작은 학교에 다니는 학생들의 교육받을 권리를 얼마만큼 보장해주고 있을까? 프로그램 중심의 예산 지원으로 학생들의 교육받을 권리를 보장해줄 수 있을 것이라는 식의 접근이 아쉽다. 작은 학교들이 단순히 예산이 부족해서 교육 여건이 나쁜 것은 아니다. 교사 요인, 행정 요인, 시설 요인, 교육환경 요인 등이 복합적으로 작용하는 작은 학교들의 교육 문제에 대하여, 예산 지원 등으로 특별 프로그램을 늘리는 방식으로 교육 격차를 해소할 수 있다고 보는 것은 순진한 생각에 가깝다.

한편으로 작은 학교 살리기는 교육청만의 노력으로 불가능하다는 진단이 많다. 따라서 작은 학교 살리기를 위해 마을과 지역자치단체(이하 지자체)와의 협력적 모델을 만들기 위한 노력이 절실히 요구된다.

또한 교육청 차원에서 할 수 있는 시·읍 중심의 학생 과밀 현상을 해소하기 위해 모든 시·군에 제한적 공동학구제를 전면 시행하고, 여기 참여하는 학생들에게 안정적인 통학차량을 제공하는 등의 전향적인 정책도 필요하다고 본다. 단순히 통학차량을 넘어서 문화예술버스, 과학버스 등 지역적인 여건 때문에 같은 예산을 지원받아도 부수적인 예산 소요가 많은 학교들에 대한 지원 방안이 다각적으로 마련되어야 한다.

여기서 한 가지 더 이야기하고 싶은 것은, 학생들의 교육받을 권리 문제가 농어촌의 작은 학교에 다니는 학생들만의 문제가 아니라는 점이다. 도시지역에서 원도심 학교의 교육 여건 문제, 도심 개발지역의 거대 학교에 다니는 학생들의 교육 여건 문제도 함께 살펴보아야 한다. 한 아이도 포기하지 않는 교육의 가장 기본정신은 학교 규모에 상관없이 학생을 기준으로 교육받을 권리에 차이가 발생하지 않도록 교육행정이 세심하게 작동되어야 한다는 것이다.

다른 측면에서 한 아이도 포기하지 않는 교육이 되기 위해서는 교육받는 학생들의 조건과 상황에 주목해야 한다.

현재 전남에는 다문화가정이 늘어나면서 학생들의 학업능력 차이 문제가 심각하게 대두되고 있다. 조부모 가정, 결손 가정 등에서 성장한 학생들의 학업 문제 또한 심각하다.

이뿐만 아니라 학생 간 개인차에 따른 학습 격차 문제도 해결해야 할 중요한 과제다. 전남 교육이 제시한 역점 과제인 대학 진학률과 취업률 제고를 위해서는 고등학교에 대한 투자와 지원에 앞서 출발점에 있는 유·초등학교 단계에서 다양한 원인으로 존재하는 기초학력 문제를 책임지는 교육 지원 시스템을 어떻게 견고하게 마련하느냐가 우선 과제라고 생각된다.

지자체의 교육 지원이 단기 성과를 위해 지역 고등학교 중심으로 예산 지원이 이루어지고 있는 상황에서 교육청마저도 단기적 교육 성과를 위해 고등학교에 정책이 집중되는 것은 적절하지 않다.

교육청은 근본적인 처방을 마련하는 일에 좀 더 무게중심을 두어야 한다. 적어도 기초학력 부진 문제를 초등학교 1, 2학년 단계에서 해결할 수 있도록 체계적인 시스템을 마련하는 데 집중해야 한다고 본다. 중학교, 고등학교에 올라가서 기초학력 부진 문제를 해결하려면 몇 배의 수고가 따르고, 효과적이지도 않다. 지금처럼 얼마의 예산을 지원하고 학교가 알아서 해결하라는 식의 방안이 아니라, 교육 지원청과 학교가 협력하고 책임지는 방안이 필요하다.

교육지원청이 실질적인 교육지원센터 기능으로 재편되어 소규모의 작은 학교들, 유치원, 특수학급 교육활동의 어려움을 체계적으로 지원할 수 있도록 해야 한다. 교사나 행정직원이 적은 학교에 단순히 예산 지원을 늘리는 방식은 그 예산 집행을 위해 기본 교육과 업무를 소홀히 할 수밖에 없는 악순환을 야기한다. 공문이나 사업을 내려보내지 않는 교육지원청에서 한 걸음 더 나아가 학교마다 교육적 어려움을 찾아 해결해주는 행정으로 바뀌어야 한다. 교육지원청의 역할은 학교의 교육 결과를 평가하는 것이 아니라 학교 간 교육 격차가 학생 간의 교육 격차로 이어지지 않도록 보완하고 지원해주는 것이어야 한다.

다문화가정에 대해서는 현재도 몇 가지 지원책이 시행되고 있지만 지속적이지 않은 교육은 실효를 거두기 어렵다. 다문화가정을 위한 예비학교 등을 지자체와 함께 마련하여 초등학교 입학 전에 상당 부분 해결할 수 있도록 해야 한다. 어떤 교육적 요구가 생길 때마다 정책을 만들고 예산을 지원해서 학교가, 교사가 할 수 있으면 해보라는 식의 정책은 무책임한 것이다. 교육청은 특별한 여건에서 성과를 거둔 학교들의 사례를 들어 정책의 유효성을 증명하는 방식을 그만두어야 한다. '할 수 있는 학교'가 아니라 '모든 학교들이 할 수 있도록' 제반 지원을 해야 한다. 그래야만 한 아이도 포기하지 않는 전남 교육을 구현할 수 있다.

모두를 위한 수월성 교육

우리나라 교육법 제2조는 "홍익인간의 이념 아래 모든 국민으로 하여금 인격을 도야하고 자주적 생활능력과 민주시민으로서 필요한 자질을 갖추게 하여 인간다운 삶을 영위하게 하고 민주국가의 발전과 인류공영의 이상을 실현하는 데 이바지하게 함"을 교육 이념의 목적으로 규정하고 있다.

교육의 목적은 주체에 따라 다를 것이다. 개인 입장에서는 자아실현의 목적이 클 것이고, 부모나 가정의 입장에서는 안정적인 취업과 신분상승도 있을 것이다. 사회적으로는 민주시민 양성, 국가적으로는 국가 발전이나 사회에 이바지할 수 있는 인재 육성에 무게중심을 두고 있다.

일제강점기의 교육은 개인의 필요에 의해서보다는 황국신민화 정책의 일환으로 행해졌다. 해방 후 대한민국 공교육은 폐허가 된 국토를 재건하기 위한 인재 육성의 필요가 절대적이었다.

그 후 우리 사회가 민주화되면서 민주시민 육성이라는 사회적 가치가 교육의 필요에 등장했고, 교육이 인재 육성 이전에 개인의 행복한 삶을 위한 것이어야 한다는 주장도 형성되었다. 시대가 변하면 교육도 변한다고 하지만 정치적으로 해방 후의 반공 이데올로기가 온전히 극복되지 못한 것처럼 우리 교육도 급격한 시대 변화에 맞는 교육 패러다임이 형성되지 못한 채 복잡하게 얽혀 지금에 이르고 있다.

따라서 학교도 여러 가지 복잡한 교육적 요구에 혼란을 겪고 있다. 하지만 이 복잡함을 풀어내는 용기와 도전이 없다면 혼란은 가중될 뿐이다. 전 세계의 교육 패러다임은 행복한 개인을 기반으로 한 교육의 필요성을 이야기하고 있다. 쓰나미처럼 교육계에 넘쳐나고 있는 4차 산업혁명 시대의 교육이라는 것도 근본적으로 혁신적인 기술 진보에 따른 미래사회의 불확실성에 대비한 개인의 삶을 위한 교육의 필요성을 말하는 것이다.

더불어 급격한 인구절벽으로 이제는 인재양성 교육이 포함하고 있는 학생을 구분 짓는 교육, 경쟁 위주 교육의 소멸을 앞당기고 있다. 쉽게 말해 많은 아이들 중에 될 만한 아이를 골라 가르치는 교육에서 이제는 모든 아이들을 구분 없이 잘 가르쳐도 부족한 것이 오늘의 현실이다. 전남처럼 학생 수가 급격하게 감소하는 지역에서는 더 절박한 요구이다.

결론적으로 이제 우리 교육은 모두를 위해 타고난 저마다의 소질을 개발하는 교육(수월성 교육)을 해야 할 시기이다. 그동안은 교육적 수사에 그쳤다면 이제는 교육 시스템 차원에서 모든 학생을 위한 수월성 교육을 어떻게 할 것인가가 교육경쟁력의 차이를 만들어낼 것이다.

전남 교육은 앞으로도 대도시 지역에 비해 교육 여건이 좋아지기 힘들다. 그렇다면 급격한 사회 변화에 대응하여 전남 교육의 희망을 만들어내기 위해서는 이제 한 걸음 더 준비하고 한 걸음 더 실천하여 모두를 위한 수월성 교육의 최적지로 거듭나야 할 것이다.

그동안 우리 교육은 소수 학생들만을 위한 교육에 아낌없는 투자를 해왔다. 소위 과학영재교육이라는 이름으로 모든 교육청 및 교육지원청에서 초·중학생을 대상으로 프로그램을 운영하고 있다. 인문계 고등학교에서는 상위권 대학에 진학할 소수 학생들을 위한 특별반을 운영하고, 전문계 고등학교에서는 기능대회에 나갈 학생들을 위한 기능반을 운영한다. 이러한 흐름은 초, 중, 고를 가리지 않고 진행되고 있다. 반면에 그 대상이 되지 못한 아이들을 위해서는 어떤 교육 프로그램이 운영되고 있을까? 한 가지 예로 기초학력 미달 학생에 대해서는 해당 학교의 담당 교사에게 맡겨놓고 있는 실정이다.

인재, 영재를 기르는 일에는 도교육청, 교육지원청, 학교가 다 나서고 있지만 그 외의 학생을 위해서는 '학교가 할 수 있는 만큼' 하고 있는 것이다.

나는 지금 진행되고 있는 모든 프로그램의 폐지를 주장하는 것이 아니다. 상대적으로 교육적으로 소외받고 있는 학생들 및 기존 교육이 제시한 인재나 영재의 기준을 근본적으로 확장하여, '모든 아이들이 특별하다'는 관점에서 학생 한 명 한 명의 특장점을 길러주는 교육으로 대전환이 필요하다는 것이다.

이러한 전환의 출발점은 전남 교육이 이와 같은 지향을 분명하게 제시하고 여기에 걸맞은 지원 방안을 마련할 때 가능한 것이다. 교육이 이루어지는 학교에서 학생들을 가르치는 교사들이 이런 지향에 기반을 두어 한 명의 아이도 소홀하게 대하지 않고 정성을 들일 수 있도록 교육행정이 환경을 조성해주어야 한다.

지금까지 대부분의 교육개혁 정책이 안착하지 못한 근본적인 이유는 교육이 가능한 울타리를 교육행정이 만들어주지 않고 학교의 책임, 교사의 역할만 강조해왔기 때문이다. 따라서 전남 교육의 변화는 전남 교육행정의 변화로부터 시작될 수 있을 것이다.

문재인 정부는 이런 흐름을 제도적으로 반영하기 위해 학생 개개인의 다양한 교육의 가능성을 확대하기 위한 고교학점제를 도입할 예정이고, 수능의 절대평가화 추진, 나아가 학교교육을 중심으로 한 입시제도 개편도 추진할 예정이다.

지금까지의 교육 성과와 교육 방법에서 벗어나지 못하고 있는 학교를 혁신하는 일은 간단하지 않다. 그렇지만 그 속도를 높일 수 있게 하는 것은 전남교육청이 학교현장에 변화를 위한 확신을 주는 것이다.

지금까지 교육청은 서로 충돌하는 다양한 가치를 제시해놓고 그 가치에 적합한 몇몇 사례로 홍보하는 일을 계속해왔다. 그러다 보니 전남만큼 각종 성과보고회와 박람회가 넘쳐나는 곳이 없다는 자조적自嘲的인 이야기가 나오고 있다. 특별한 사례에 천착하여 성과를 홍보하는 교육청의 태도가 바뀌지 않으면 학교현장은 교육청을 신뢰할 수 없다. 예를 들면 전남에서 대학입시교육의 새로운 패러다임을 적용한 '전남형 애프터스쿨'을 운영하겠다고 발표했지만 실제로 학교현장에서 잘 추진되지 않는다는 평가가 많다. 이를 학교의 준비 부족 문제로 봐야 할까? 교육청의 추진 의지 부족으로 봐야 할까? 당장의 교육 성과에 대한 요구가 사라지지 않는 상태에서 학생 개개인의 선택권을 보장하는 다양한 방과 후 교육활동을 운영할 만큼 준비된 학교가 어디 있을까?

교육행정은 우수 사례를 찾기보다 안착하지 못한 원인을 찾아 그 문제 해결에 집중해야 한다. 공문을 통해 대상 학교를 선정하고 예산을 지원하고 성과 보고를 기다리는 행정 방식으로는 학교현장에 계신 분들이나 학부모님께 공감도 신뢰도 얻기 힘들다.

유치원 교육도 인식의 전환이 필요하다. 단설유치원이 늘어가는 추세지만 유치원 대다수는 병설유치원이다. 유치원 없는 초등교육이 있을 수 없다. 어쩌면 공교육에 대한 신뢰는 유치원교육에서 시작될 것이다.

그런데 유치원 교육환경이 매우 열악하다는 것은 전교조 전남지부장, 전교조 위원장을 하면서 잘 알게 되었다. 특수교육에 대한 정책도 마찬가지지만 그 대상자가 상대적으로 소수일 때 정책적으로도 차별받는 경우가 적지 않다.

위에서 언급한 두 가지 교육 지향처럼 '한 아이도 포기하지 않는 교육'의 실현과 '모두를 위한 수월성 교육'의 구현이라는 입장에서 상대적으로 정책적 소외가 발생되지 않도록 유념해야 할 것이다.

모두를 위한 수월성 교육 측면에서 본래 설립 취지가 사라지고 소수 학생의 입시교육 현장으로 변질된 외고와 자사고 폐지 정책은 반드시 추진되어야 한다. 이제는 현재 정부가 추진하려는 고교학점제의 정책 추진 방향과 맞추어 일반고 내에서 체육, 예술, 과학, 외국어 등의 교육과정을 과감하게 특화시켜 추진해야 한다.

또 한 가지, 모두를 위한 수월성 교육의 가장 밑바탕은, 학생 개개인의 교육이 가능하도록 교육이 추구하는 새로운 학력관을 제시하고, 이를 뒷받침하는 학생 개개인의 배움을 중심으로 수업을 혁신하며, 학생 개개인의 성장을 중시하는 과정 중심 평가로 전면적인 전환을 하는 것이다.

이를 위해 학교 조직과 운영이 이제는 획기적으로 개선되어야 한다. 교원 업무 경감도 제대로 하지 못한 채 언제까지 교원의 전문성을 이야기할 것인가? 학교가 교사들에게 동료 교원들과 더불어 전문적학습공동체를 만들어 일상적인 연구와 실천이 자연스럽게 이루어지는 공간으로 재탄생하게 하는 데 정책의 초점이 맞춰져야 한다.

교육부도 지방교육자치에 맞게 대부분의 초·중등교육에 대한 많은 권한을 지방으로 이양하겠다고 했다. 이제는 교육청이 진짜 혁신되어야 한다. 교육부를 바라보지 말고 전남의 아이들을 위한 전남의 교육을 제대로 해야 할 때다. 학교가 수업과 본연의 교육과정에 충실할 수 있도록 교육청에서 추진하는 사업을 대폭 줄여야 한다. 교육청과 교육지원청마다 추진하는 사업을 위해 학교마다 수업이 소홀해지고, 아이들이 행사에 동원되는 일이 비일비재하다. 교육청의 보여주기 사업과 행사 동원으로 학교 수업과 교육과정이 심하게 침해받고 있는 것이다.

교육청의 예산과 인원도 재조정되어야 한다. 전남의 학교는 빠르게 줄어드는데 교육청 인원만 늘어나는 것은 무엇을 이야기하는가? 교육청이 지난 몇 년 동안 사업을 줄이기 위해 노력했음에도 각 부서에서 사업을 줄이지 않으려고 했다는 소리가 들린다. '사업이 자리'라는 식의 방만한 생각을 하는 사람들이 교육청에 있는데 학교에서 행정업무를 줄일 수 있겠는가? 행정직은 학교 지원으로, 전문직은 교육 전문성으로 존재 이유를 밝히는 혁신이 선행되지 않으면 학교교육 혁신은 구호에 그칠 수밖에 없다.

미래사회를 대비하는 교육

전 교육계가 4차 산업혁명 시대의 학교교육이라는 화두로 너무 들썩거리는 것도 문제지만, 한두 차례 초청 강연으로 급변하는 교육의 흐름을 따라잡을 수 있다고 생각하는 전남 교육의 현실이 답답하다. 전남교육청은 소수 학생들을 대상으로 새로운 선상무지개학교, 시베리아독서토론열차 등 다양한 글로벌 체험을 추진하고 있다.

이러한 특색 사업이 미래사회를 대비하는 전남교육청의 정책이라 한다면 매우 우려된다. 미래사회의 핵심역량 교육을 위해 전남교육청도 세 가지 영역의 핵심역량을 제시한 바 있다. 문제는 거기 있다고 본다. 핵심역량이라는 것이 체계화된 학문과 달리 개인이나 공동체가 이 시대를 읽어내는 철학적 사유로부터 시작되는 것이기 때문이다.

무엇보다 기존의 학문적 교육과정을 운영하는 방식처럼 교육청이 핵심역량을 규정하고 여기에 기반을 둔 교육을 하라는 발상 자체가 문제라고 생각된다. 정작 학생을 교육해야 할 학교공동체와 교사가 학생들에게 중점적으로 교육해야 할 핵심역량을 고민하고 결과물을 도출하여 교육과정에 반영할 수 있도록 교육과정 운영의 자율성이 지금보다 획기적으로 마련되지 않으면 안 된다. 새로운 교육을 표현만 바꾼 채 기존 방식으로 추진하는 한, 학교현장에서는 단어만 바꾸어서 기존의 교육을 해야 하는 상황이 될 것이다.

지금의 교육은 단순하게 표현하면 취업과 입시를 위한 교육이라고 볼 수밖에 없다. 써먹을 수 있는 교육이 아니라 취업에 필요한 지식을 배우는 교육, 다양한 봉사활동이나 체험마저도 입시교육에 보탬이 되는 활동으로 규정되어버린 교육이 지속되었다.

반면에 미래사회를 대비하는 교육이란, 4차 산업혁명으로 열리게 될 새로운 노동과 직업세계를 대비하는 교육과 더불어 새로운 시대를 만들어내는 역량을 기르는 교육, 협력적 경제공동체 사회에 적합한 소통과 협력의 소양을 기르는 교육 등 다양하다. 그런데 역량을 교육한다는 것은 교사가 일방적으로 길러줄 수 있는 것이 아니라 학생 스스로 그러한 역량을 기를 수 있도록 교육해야 한다는 점에서 기존 학교교육의 근본적인 혁신이 요구되는 것이다.

이러한 교육 가능성을 구체화하기 위해 경기도를 출발점으로 전국에 확산된 것이 혁신학교다. 전남에도 무지개학교라는 이름으로 추진되어 혁신에 성공한 학교들이 있다.

혁신학교는 정형화된 학교의 형태가 아니라 미래사회를 대비하는 교육에 적합한 학교 형태를 찾기 위한 노력이라는 측면에서 매우 의미가 크다.

사실 혁신학교의 흐름은 학교혁신을 바라는 교사들의 자발적인 실천운동을 기반으로 했다는 점에 주목할 필요가 있다. 다시 말하면 학교혁신은 교사들의 자발성을 어떻게 확보해줄 것인지에 좌우된다고 볼 수 있다. 교사들의 자발성은 교사들이 전문성을 가질 수 있는 교육환경에서 출발한다.

혁신학교는 교사들의 혁신이 아니라 미래사회에 필요한 교육을 할 수 있는 환경을 어떻게 조성해줄 것인지에 초점을 두어야 한다. 혁신학교의 추진은 몇몇 모델 학교를 만드는 것이 목적이 되어서는 안 된다. 혁신학교의 추진은 모든 공교육의 혁신 방향을 찾는 노력이 되어야 하고, 이러한 방향을 모든 학교에 접목시키기 위한, 전남 교육을 위한 투자라는 관점에서 추진되어야 했다. 그럼에도 지난 몇 년간 전남에서 무지개학교가 교육행정과 주변 학교들 속에서 섬처럼 고립되었다는 말들이 있는 것을 볼 때, 무지개학교 사업이 혁신교육정책의 일환으로 도입되어 부서의 사업에 머물고 말았다는 평가를 피하기 어려울 것이다.

또한 무지개학교보다 더 이상한 형태로 자리 잡은 것이 무지개학교 교육지구 사업이다. 전남에서 몇몇 교육지원청을 제외하고 추진 중인 교육지구 사업은 크게 두 가지 방향에서 추진되었다고 본다. 하나는 무지개학교를 통해 추구한 학교혁신 노력이 일반 학교에 확산되기를 바라는 것이다. 또 하나는 학교교육이 마을과 지역사회와 함께하는 교육으로 전환되는 데 필요한 지역사회 속의 학교를 만들기 위해, 지자체와의 교육협력 시스템을 구축하려는 시도라고 생각된다.

그런데 무지개학교 교육지구가 된 지역에서 무지개학교의 교육철학과 시스템이 확산되기보다, 교육지구 예산만큼 다양한 교육활동이 늘고 공모 사업이나 교육청 주관 사업이 늘면서 학교에서 해야 할 일만 더 늘어나고 있다는 이야기가 들려 안타깝다. 더욱이 대부분의 교육지구 예산이 지역사회와의 교육협력 모델을 만드는 데 사용되지 못하고 있어 교육지원청도 힘들고 학교도 힘든 사업이 되어버렸다.

미래사회를 대비하는 교육은 교육행정 혁신에 따른 학교교육 혁신이 없으면 불가능한 교육이다.

더 나아가, 새로운 교육을 위해 학교 공간의 재구조화도 중요한 문제라고 생각한다. 학교가 모든 학생의 잠재력을 발견하고 신장시킬 수 있는 플랫폼으로서 기능하기 위한 몇 가지 관점을 제시하면 다음과 같다.

첫째, 기본적으로 학생들이 교육받기에 안전하고 건강한 생활을 할 수 있는 환경이 조성되어야 한다.

둘째, 교육행정에 적합한 시설을 학생들의 교육활동을 중심에 두고 설계해야 한다. 행정과 수업 중심의 학교구조를 다양한 공동체 활동과 자율 활동, 프로젝트 활동 그리고 도서관 활용 등에 용이하도록 학교구조를 바꾸어야 한다.

셋째, 생태 친화적 학습공간으로 조성해야 한다. 학교급별로 차이는 있지만 중·고등학교들의 학습공간은 단순한 수업활동 중심으로만 구성되어 있다. 하루에 10시간 가까이 생활하는 학교공간이 단순히 수업활동 중심으로만 구성되어 있는 것은 개선되어야 한다. 학생들은 교실뿐만 아니라 학교의 모든 공간에서 생활하고 성장하고 있다는 점을 새롭게 인식해야 한다.

넷째, 지역사회와 교류하고 협력할 수 있는 교육시설로의 재편再編이다.

현재 학교는 지역사회 속에 존재하지만 지역사회와의 교류에 매우 제한적이다. 면단위로 내려갈수록 학교가 가장 좋은 시설인 형편이다. 학교를 지역사회와 함께 지켜내고 협력하기 위해서는 학교 시설을 지역사회와 공유해서 사용할 수 있도록 전향적인 접근이 필요하다. 다만 이러한 시설 공유는 학교 책임으로 운영되어서는 안 될 것이다. 지역사회와 학교 시설을 공유하는 것은 운영 주체를 명확히 지역사회로 해야만 활용도가 높아질 것이다. 또한 공유 시설의 설계와 예산 문제부터 지자체와 적극 협력해야 한다.

다섯째, 미래형 학교 모델을 새롭게 만들어야 한다. 천편일률적인 학교 시설을 미래형 스마트 교육이 가능한 혁신적인 형태로 구현해볼 필요가 있는 것이다.

전남 교육의 도약을 위해 미래를 대비하는 전면적인 혁신이 필요한 시기다. 새 정부가 추구하는 새로운 교육정책들도 상당 부분 도시 중심의 큰 규모 학교를 대상으로 하는 것이다. 따라서 전남 교육은 전남 교육만의 활로를 개척해야만 가능하다. 작지만 교육력이 높은 학교들이 많은 전남 교육, 미래사회 핵심역량을 가장 잘 길러낼 수 있는 학교 시스템을 갖춘 전남 교육, 전문성을 갖춘 교원이 가장 많은 전남 교육, 효율적인 행정 시스템을 제대로 갖춘 전남 교육이 되어야만 미래를 대비하는 교육이 가능할 것이다.

분권과 협치의 전남 교육

문재인 정부 들어 교육 분야의 분권이 빠르게 진행되고 있다. 교육부가 유·초·중등 교육에 관한 권한을 교육청에 이관하기로 했다. 다행스러운 일이다.

그간 교육부는 교육자치를 침해하는 수많은 권한을 행사해왔다. 단순히 행정적인 측면뿐 아니라 교육과정이나 평가에 이르기까지 정부의 입장을 제시하고 관리해왔다. 지역의 특성에 맞는 교육을 지원하기보다 교육부의 기준을 시·도 교육청에 강요하면서 차별적 예산 지원으로 경쟁 구조를 심화시켜왔다.

그런 의미에서 권한 이양은 관리감독 권한의 이양뿐 아니라 지역 특성에 맞는 교육자치를 실현할 수 있는 계기가 마련되었다는 점에서 환영할 일이다.

하지만 그만큼 우려도 크다. 준비되지 않은 권한 이양은 학교교육 입장에서 볼 때 이전과 별반 다르지 않을 수 있기 때문이다. 교육부의 권한을 시·도 교육청으로 이관하는 것처럼 교육자치가 실질적으로 꽃피울 대상은 학교이기 때문이다. 교육부의 권한 이양은 연이어 시·군 교육지원청과 학교로의 권한 이양으로 이어져야 한다.

현재 많은 교육청이 교육부의 권한 이양에 부정적인 입장이라는 소리를 들었다. 권한만 넘기고 예산과 인력 지원 없이 일만 많아지니 그렇다는 것이다. 일면 타당한 듯 보이나, 도교육청은 권한 이양에 대비해서 정부 시책이나 평가 때문에 해왔던 사업을 폐기하거나 이에 걸맞은 조직개편을 미리 준비하지 않은 게 아닐까 싶어 안타깝다.

그동안 교육청의 행정이 시·도 교육청 평가에 맞추어 운영된 것은 모두가 아는 사실이다. 이제 교육청이 스스로 나서서 전남의 학교 현장에 맞는 새로운 교육 비전을 제시하고 이를 체계적으로 지원하기 위해 교육청을 전면 쇄신해야 한다. 교육부의 지원 타령만 할 때가 아니라는 것이다. 시·군 교육지원청을 교육지원센터로 전환해야 한다는 목소리가 높지만 도교육청의 사업과 행정이 혁신되지 않으면 시·군 교육지원청을 교육지원센터로 재편하는 일은 불가능하다. 행정 혁신은 철저하게 위로부터 진행되어야 하고, 지금이 그 일을 위한 최 적의 시점이다.

전남도교육청은 정책 사업을 대폭 축소하고 예산과 인원을 교육지원청과 학교로 내려주어야 한다. 지난 민선 1, 2기를 거치면서 도교육청의 사업을 축소하려고 노력해왔다는 것을 알지만, 각 부서에서 사업을 줄이면 인원도 줄여야 한다는 이유에서 강력하게 저항했다는 이야기를 들으면 도대체 교육행정이 왜 존재하는지 의문이 든다. 전남 교육이 교육청에 근무하는 사람들의 일자리 때문에 존재하는가? 기본적으로 교육청은 사업 주체가 아니라 지원의 주체여야 한다.

도교육청은 큰 틀에서 사업부서 중심의 조직에서 정책 연구 및 제도 마련, 그리고 지원센터로 재편되어야 한다.

지난 대선 시기, 교육 부문 공약과 관련하여 후보들이 공통적으로 제시한 것의 하나가 '교육부 폐지론'이다. 이게 교육부에만 해당되는 소리일까? 학교 입장에서는 교육청 폐지도 필요하다는 소리가 자연스럽게 나오고 있다. 이제 교육 분권이 위로부터 가속화되는 시점에 교육청 및 교육지원청을 지원센터로 재편하는 일은 매우 절박한 과제다.

현재 지역교육지원청은 특수교육, 방과후지원센터 등 다양한 지원센터를 운영하고 있다. 그런데 정작 교육과정지원센터는 없다. 교육지원청은 지원센터 기능만 해야 한다. 교육장이 바뀔 때마다 특색 사업을 만들고 이를 학교에 강요하는 관행은 이제 사라져야 한다. 교육지원청 사업을 위해 현장의 교사들을 시도 때도 없이 불러내고 교육청 행사에 교사와 학생을 동원하는 잘못된 관행은 학교교육과정의 파행을 불러오는 주범이라는 것을 모두가 안다. 이러한 관행의 개선 없이 학교가 자율성을 가지고 교육한다는 것은 불가능하다.

한 걸음 더 나아가, 많은 권한이 이양되어 학교에 자율권이 부여되면 학교의 권한과 책임이 더 강화된다는 의미에서 학교장의 역할은 지금보다 중요해진다.

지금까지 학교장은 학교장의 교육철학을 기반으로 학교를 경영하는 사람으로 인식되었다. 이런 이유로 학교장의 교육철학이 학교의 철학보다 우선하는 경우가 일반적이다. 그로 인해 학교장에 따라 학교교육이 좌우되는 현상이 벌어졌다. 교육에 관한 권한 이양의 종착점은 교사가 되어야 한다. 교사가 학교의 교육 비전에 근거해서 자율적으로 교육과정을 구성하고, 능동적인 수업을 할 수 있으며, 학생 한 명 한 명의 특성과 성장에 기반을 둔 평가를 할 수 있을 때, 권한이양은 본래의 취지를 살릴 수 있을 것이다.

이런 연유에서 현재 논란이 되고 있는 학교장 임용제도의 개선 방안은 매우 시의적절하다. 전국적으로 진행형인 혁신학교의 사례를 보더라도 학교가 지속적으로 성장하기 위해 필요한 것 중 가장 큰 요인으로 꼽힌 것이 학교장 역할이다. 학교장이 학교 비전의 수호자로서 교원의 전문성이 신장되고 발현될 수 있도록 돕고, 존중과 협력의 학교문화를 바탕으로 행복한 학교공동체를 만들어가도록 학교문화를 구축해주어야 할 책임자임이 새롭게 조명되고 있다. 더욱이 학교는 지역사회의 문화와 전통 속에 자리하고 있는데 발령받은 교장이 다른 지역과 학교에서의 경험을 바탕으로 학교를 운영하려 할 때 빚어지는 갈등은 많은 문제가 되고 있다.

학교장은 기본적으로 공모제, 나아가 선출보직제 형태로 전환되어야 한다고 생각한다. 교장공모제와 내부형 공모제를 구분해왔지만, 과도기를 거쳐 전면적으로 구분 없는 공모제로 전환되기를 바란다. 자격증이 있다고 해서 어떤 학교에나 학교장이 될 수 있다는 것 자체가 난센스다.

교장 역할이 우리와 비슷한 일본에서는 교사자격증과 5년 이상 경력만 있으면 교장이 될 수 있다. 미국과 독일, 프랑스 역시 교사자격증과 3~5년의 교사 경력이면 누구나 교장이 될 수 있다. 이들 중 교장 자격증제를 운영하고 있는 나라는 없다. 교장은 교육 주체들 사이를 매개하고 중재할 수 있는 의사소통 능력과 문제해결 능력 등이 필요하다. 학교 구성원들이 자치와 자율 역량을 마음껏 발휘할 수 있게 수평적 리더십을 갖추어야 한다. 이를 위해 교직 경력이 10년을 넘으면 누구나 학교 관리(리더)자 연수를 받게 하고, 학교 구성원들의 검증을 통해 학교장 역할을 하도록 하는 방안을 제시한다.

현재 전문직이 시간이 지나면 교감 그리고 교장으로 승진하는 제도의 변화도 필요하다. 전문직으로 임용되어 최소한 5~6년의 학교 경험을 하지 않은 사람이 학교 관리자로 올 경우, 학교현장에 많은 문제를 낳고 있다.

장차 전문직도 임기제로 전환하여 전문직 경험과 학교현장 경험이 상호 보완적으로 작용할 수 있어야 한다. 이를 통해 학교장이 보직 개념으로 정착되어, 학교 구성원과의 민주적인 소통 능력을 바탕으로 학교 비전에 근거해 최적의 교육과정을 운영할 수 있도록 지원하고 책임지는 새로운 학교장이 많아질 때, 학교는 자율성과 책무성이 동시에 강화되는 새로운 시대를 맞이하게 될 것이다.

전남 교육의 지속적인 과제로 대두된 것은 농·산·어촌의 작은 학교 문제다. 현재 도교육청도 작은 학교 살리기를 역점 과제로 삼고 노력하고 있다. 의미 있는 노력이지만 교육청만의 노력으로 면단위 이하의 작은 학교를 살리는 일은 한계가 있을 수밖에 없다. 이제 학교와 지역사회가 상생 협력할 수 있는 새로운 전기를 마련해야 한다.

전국적으로 지자체와 함께 다양한 형태의 교육협력 모델이 운영되고 있다. 혁신교육지구라는 이름으로 진행되는 지자체와의 교육협력 모델은 지역사회의 물적·인적·시설, 예산을 통해 학교교육을 체계적으로 지원하고 있다. 전남도 무지개학교 교육지구라는 형태의 사업이 있지만 매우 특이한 형태로 진행되고 있다. 대체로 혁신교육지구 사업의 핵심은 지역 학교를 지원하는 교육지원센터를 중심으로 진행되고 있다. 그런데 전남의 경우 교육청 중심의 학교 지원 사업에 머물러 있어 아쉽다.

교육지구 사업이 진행되고 있는 지역은 서울, 경기, 인천, 충북, 전북 등이다. 전남을 제외한 나머지 지역의 혁신교육지구 사업은 위에서 언급한 지역사회와의 교육협력 사업에 중심을 두고 있다. 안정적인 추진을 위해 지역사회에 교육지원센터를 두고 지자체, 교육청, 학교현장 교사 등이 파견되어 사업 초기 단계부터 협력하며 추진하고 있다. 서울시의 경우 광역과 자치구, 교육청이 3자 협약 형식으로 추진하고 있기도 하다. 이러한 사례 등을 바탕으로 지역사회와의 협력을 통해 구현할 수 있는 교육 협치의 영역을 정리하면 다음과 같다.

- 지역과 연계한 방과후학교, 돌봄교실 운영
- 마을과 함께하는 교육과정 운영: 마을을 이해하는 교육과정에서 마을을 활용한 교육과정 운영까지 그 영역은 매우 다양할 것이다. 이를 위해 마을 강사 발굴·육성
- 안정적인 교육과정 지원을 위한 마을학교, 교육협동조합 운영
- 마을결합형학교 시범 운영
- 삶과 교육을 위한 프로젝트 학습 운영: 마을의 문제를 해결하는

프로젝트, 마을의 역사와 문화를 이어가는 프로젝트 학습, 생태
친화적 삶을 위한 프로젝트 등을 운영
- 교육협력지원센터 상설 운영

위와 같은 지역사회와의 협력을 위해서는 전남교육청과 전남도청
간의 협약을 바탕으로 지역에 교육지원센터를 설치하기 위한 지원조
례를 제정하는 노력이 뒤따라야 한다. 그래야만 현재 무지개학교 교
육지구를 운영하면서 지자체의 비협조로 형식화되어 교육청만 추진
하는 데서 비롯한 문제를 해결할 수 있다.

더불어 학교가 지역사회와 신뢰와 교감을 확대하기 위해 학교 시
설을 지역사회 구성원의 학습과 문화·예술 교육을 위해 공유해야
한다. 단, 단순히 학교 시설을 지역사회에 개방하는 방식이 아니라
지자체와 협력하여 마을과 함께 사용할 수 있는 시설을 학교 안에
마련하고 운영 주체를 지역사회로 명확히 하는 것이 중요하다.

전남 교육은 이제 전남도민과의 협치, 지자체와의 협치를 바탕으
로 한 걸음 더 도약할 수 있는 발판을 마련해야 한다.

학교민주주의가 경쟁력이다

불행하게도 우리나라 근대 학교의 출발점에는 일제 식민통치가 존재한다. 학교 운영 시스템과 문화에 그때를 출발점으로 많은 변화가 있어왔지만 학교는 여전히 사회의 변화를 따라가지 못하는 관행과 문화가 답습되고 있다. 학교민주주는 단순히 학교의 운영 변화를 위해 필요한 것이 아니다.

이는 미래사회를 짊어질 학생들에게 민주시민으로서의 삶을 준비할 수 있게 하는 의미가 가장 우선한다고 볼 수 있다. 또한 학교민주주의는 교육 패러다임의 변화에 따라 적용 중인 교육과정의 효과적인 운영을 위해서도 꼭 필요한 요소다. 2015 개정 교육과정 총론에 보면, 새로운 교육과정의 목표를 "학교생활 전반을 통하여 바른 인성을 함양하고 미래사회가 요구하는 역량을 계발한다"라고 규정하고 있으며, 이를 위해 "학교교육과정은 모든 교원이 전문성을 발휘하여 참여하는 민주적인 절차와 과정을 거쳐 편성한다"라고 규정하고 있다.

교육과정의 목표를 단순히 '학습활동을 통하여'가 아닌 '학교생활 전반을 통하여'라고 한 부분에 주목해야 한다. 학생이 학교 안에서 생활하는 학습, 자치, 동아리활동 등을 통해 바른 인성과 미래사회가 요구하는 역량을 계발하려면 수업 방법의 혁신을 뛰어넘는 학교민주주의가 구현된 학교공동체의 경험이 필요하다는 점을 분명히 하고 있다. 또한 역량을 계발하는 교육은 학문 체계의 지식과 달리 학교 구성원이 함께 학교 비전을 만들고 이를 실현하는 핵심역량을 기르기 위한 교육과정이 운영되어야 한다.

이런 의미에서 교과와 업무로 개별화되어 있는 학교를 민주적인 소통구조와 협력적 학교문화로 재편하지 않으면 지표만 달라지고 교육은 그대로일 수밖에 없다. 역량을 기르는 교육은 교과를 뛰어넘는 통합, 융합 교육을 통해 진행될 것이고, 학교 울타리를 넘어 지역사회와 온라인 상황에서도 전개될 것이다. 따라서 학교 운영 시스템이 교육활동 중심의 전문적학습공동체로 재편되어야만 체계적인 교육이 가능해진다고 볼 수 있다.

그동안 학교에서 사회 변화에 따라 학생자치와 동아리의 활성화가 강조되고 지원도 뒤따르고 있지만 실질적으로 학생자치 문화가 안착하지 못한 이유는 교사 및 교직원 문화가 민주적이지 못하기 때문이다.

따라서 학교민주주의의 발현을 위해서는 무엇보다 학교자치조례를 만들어 학교 구성원이 학교 운영에 자유롭게 참여하고 책임지는 문화가 조성되어야 한다.

학교의 자율적인 교육과정을 위해서는 학교자치가 확립되어야 한다. 이를 위해 교직원협의회가 의결구조화되어 모든 구성원의 목소리를 반영하고 합의하는 문화가 만들어져야 하며, 학생에게는 민주적인 자치활동과 동아리활동을 장려하고 지원하여 학교 운영 및 교육과정 운영에도 적극적으로 참여하도록 하고, 학부모들은 교육 수요자의 입장에서 벗어나 학교 및 교육과정 운영의 협력적 파트너로 자리 잡을 수 있도록 해야 한다.

이러한 학교 구성원의 자치에 기반을 둔 민주적인 학교 운영이 이루어질 때 서로 존중하고 배려하는 인권문화가 안착되고, 서로의 차이와 특성을 존중하는 대안적 교육과정 운영과 학습이 가능해지며, 학교폭력 및 따돌림 등 반사회적이고 비인간적인 문화를 개선할 수 있다. 물론 이런 제도가 마련된다 해서 당장 그런 학교로 변화될 수 있는 것은 아니다. 제도 마련만큼이나 중요한 것은 학교장의 새로운 리더십일 것이다. 학교장이 민주적인 의사결정에 학교 구성원 모두가 참여할 수 있도록 환경을 조성하고, 교사 개개인의 교육 방법과 교육과정 운영에 자율권을 부여하며, 교직원의 노동권을 보장하려는 의지가 수반될 때 그 실효성은 더욱 커질 것이다.

결론적으로 학교민주주의는 '그렇게 되면 좋은 것'이 아니라 사회 변화에 따른 새로운 교육 요구를 실현하는 신뢰받는 전남의 학교를 만들기 위해 가장 밑바탕이 되는 매우 중요한 요소임을 인식하고 노력할 때 전남의 학교는 자긍심과 전문성을 지닌 미래교육의 최적지로 거듭날 수 있을 것이다.

삶의 행복을 꿈꾸는 교육은 어디에서 오는가?

미래 100년을 향한 새로운 교육

혁신교육을 실천하는 교사들의 필독서

▶ 교육혁명을 앞당기는 배움책 이야기
혁신교육의 철학과 잉걸진 미래를 만나다!

한국교육연구네트워크 총서

01 핀란드 교육혁명
한국교육연구네트워크 엮음 | 320쪽 | 값 15,000원

02 일제고사를 넘어서
한국교육연구네트워크 엮음 | 284쪽 | 값 13,000원

03 새로운 사회를 여는 교육혁명
한국교육연구네트워크 엮음 | 380쪽 | 값 17,000원

04 교장제도 혁명
한국교육연구네트워크 엮음 | 268쪽 | 값 14,000원

05 새로운 사회를 여는 교육자치 혁명
한국교육연구네트워크 엮음 | 312쪽 | 값 15,000원

06 혁신학교에 대한 교육학적 성찰
한국교육연구네트워크 엮음 | 308쪽 | 값 15,000원

07 진보주의 교육의 세계적 동향
한국교육연구네트워크 엮음 | 324쪽 | 값 17,000원

한국교육연구네트워크 번역 총서

01 프레이리와 교육
존 엘리아스 지음 | 한국교육연구네트워크 옮김
276쪽 | 값 14,000원

02 교육은 사회를 바꿀 수 있을까?
마이클 애플 지음 | 강희룡·김선우·박원순·이형빈 옮김
352쪽 | 값 16,000원

03 비판적 페다고지는 세상을 변화시킬 수 있는가?
Seewha Cho 지음 | 심성보·조시화 옮김 | 280쪽 | 값 14,000원

04 마이클 애플의 민주학교
마이클 애플·제임스 빈 엮음 | 강희룡 옮김 | 276쪽 | 값 14,000원

05 21세기 교육과 민주주의
넬 나딩스 지음 | 심성보 옮김 | 392쪽 | 값 18,000원

06 세계교육개혁: 민영화 우선인가 공적 투자 강화인가?
린다 달링-해먼드 외 지음 | 심성보 외 옮김 | 408쪽 | 값 21,000원

혁신학교
성열관·이순철 지음 | 224쪽 | 값 12,000원

행복한 혁신학교 만들기
초등교육과정연구모임 지음 | 264쪽 | 값 13,000원

서울형 혁신학교 이야기
이부영 지음 | 320쪽 | 값 15,000원

혁신교육, 철학을 만나다
브렌트 데이비스·데니스 수마라 지음
현인철·서용선 옮김 | 304쪽 | 값 15,000원

혁신교육 존 듀이에게 묻다
서용선 지음 | 292쪽 | 값 14,000원

다시 읽는 조선 교육사
이만규 지음 | 750쪽 | 값 33,000원

대한민국 교육혁명
교육혁명공동행동 연구위원회 지음 | 224쪽 | 값 12,000원

대한민국 교사, 어떻게 가르칠 것인가?
윤성관 지음 | 320쪽 | 값 15,000원

아이들을 어떻게 가르칠 것인가
사토 마나부 지음 | 박찬영 옮김 | 232쪽 | 값 13,000원

아이들의 배움은 어떻게 깊어지는가
이시이 준지 지음 | 방지현·이창희 옮김 | 200쪽 | 값 11,000원

모두를 위한 국제이해교육
한국국제이해교육학회 지음 | 364쪽 | 값 16,000원

경쟁을 넘어 발달 교육으로
현광일 지음 | 288쪽 | 값 14,000원

독일 교육, 왜 강한가?
박성희 지음 | 324쪽 | 값 15,000원

핀란드 교육의 기적
한넬레 니에미 외 엮음 | 장수명 외 옮김 | 452쪽 | 값 23,000원

▶ 비고츠키 선집 시리즈
발달과 협력의 교육학 어떻게 읽을 것인가?

생각과 말
레프 세묘노비치 비고츠키 지음
배희철·김용호·D. 켈로그 옮김 | 690쪽 | 값 33,000원

성장과 분화
L.S. 비고츠키 지음 | 비고츠키 연구회 옮김
308쪽 | 값 15,000원

도구와 기호
비고츠키·루리야 지음 | 비고츠키 연구회 옮김
336쪽 | 값 16,000원

의식과 숙달
L.S 비고츠키 | 비고츠키 연구회 옮김
348쪽 | 값 17,000원

어린이 자기행동숙달의 역사와 발달 I
L.S. 비고츠키 지음 | 비고츠키 연구회 옮김
564쪽 | 값 28,000원

관계의 교육학, 비고츠키
진보교육연구소 비고츠키교육학실천연구모임 지음
300쪽 | 값 15,000원

어린이 자기행동숙달의 역사와 발달 II
L.S. 비고츠키 지음 | 비고츠키 연구회 옮김
552쪽 | 값 28,000원

비고츠키 생각과 말 쉽게 읽기
진보교육연구소 비고츠키교육학실천연구모임 지음
316쪽 | 값 15,000원

어린이의 상상과 창조
L.S. 비고츠키 지음 | 비고츠키 연구회 옮김
280쪽 | 값 15,000원

비고츠키와 인지 발달의 비밀
A.R. 루리야 지음 | 배희철 옮김 | 280쪽 | 값 15,000원

연령과 위기
L.S. 비고츠키 지음 | 비고츠키 연구회 옮김
336쪽 | 값 17,000원

수업과 수업 사이
비고츠키 연구회 지음 | 196쪽 | 값 12,000원

▶ 창의적인 협력수업을 지향하는 삶이 있는 국어 교실
우리말 글을 배우며 세상을 배운다

중학교 국어 수업 어떻게 할 것인가?
김미경 지음 | 340쪽 | 값 15,000원

이야기 꽃 1
박용성 엮어 지음 | 276쪽 | 값 9,800원

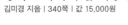
토론의 숲에서 나를 만나다
명혜정 엮음 | 312쪽 | 값 15,000원

이야기 꽃 2
박용성 엮어 지음 | 294쪽 | 값 13,000원

토닥토닥 토론해요
명혜정·이명선·조선미 엮음 | 288쪽 | 값 15,000원

인문학의 숲을 거니는 토론 수업
순천국어교사모임 엮음 | 308쪽 | 값 15,000원

어린이와 시
오인태 지음 | 192쪽 | 값 12,000원

수업, 슬로리딩과 함께
박경숙·강슬기·김정욱·장소현·강민정·전혜림·이혜민 지음
268쪽 | 값 15,000원

▶ 평화샘 프로젝트 매뉴얼 시리즈
학교 폭력에 대한 근본적인 예방과 대책을 찾는다

학교 폭력 어떻게 만들어지는가
문재현 외 지음 | 300쪽 | 값 14,000원

아이들을 살리는 동네
문재현·신동명·김수동 지음 | 204쪽 | 값 10,000원

학교 폭력, 멈춰!
문재현 외 지음 | 348쪽 | 값 15,000원

평화! 행복한 학교의 시작
문재현 외 지음 | 252쪽 | 값 12,000원

왕따, 이렇게 해결할 수 있다
문재현 외 지음 | 236쪽 | 값 12,000원

마을에 배움의 길이 있다
문재현 지음 | 208쪽 | 값 10,000원

젊은 부모를 위한 백만 년의 육아 슬기
문재현 지음 | 248쪽 | 값 13,000원

별자리, 인류의 이야기 주머니
문재현·문한뫼 지음 | 444쪽 | 값 20,000원

▶ 4·16, 질문이 있는 교실 마주이야기
통합수업으로 혁신교육과정을 재구성하다!

 통하는 공부
김태호·김형우·이경석·심우근·허진만 지음
324쪽 | 값 15,000원

 내일 수업 어떻게 하지?
아이함께 지음 | 300쪽 | 값 15,000원
2015 세종도서 교양부문

 인간 회복의 교육
성래운 지음 | 260쪽 | 값 13,000원

 교과서 너머 교육과정 마주하기
이윤미 외 지음 | 368쪽 | 값 17,000원

 수업 고수들 수업·교육과정·평가를 말하다
박현숙 외 지음 | 368쪽 | 값 17,000원

 도덕 수업, 책으로 묻고 윤리로 답하다
울산도덕교사모임 지음 | 320쪽 | 값 15,000원

 체육 교사, 수업을 말하다
전용진 지음 | 304쪽 | 값 15,000원

 교실을 위한 프레이리
아이러 쇼어 엮음 | 사람대사람 옮김 | 412쪽 | 값 18,000원

 마을교육공동체란 무엇인가?
서용선 외 지음 | 360쪽 | 값 17,000원

 학교생활기록부를 디자인하라
박용성 지음 | 268쪽 | 값 14,000원

 교사, 학교를 바꾸다
정진화 지음 | 372쪽 | 값 17,000원

 함께 배움
학생 주도 배움 중심 수업 이렇게 한다
니시카와 준 지음 | 백경석 옮김 | 280쪽 | 값 15,000원

 공교육은 왜?
홍섭근 지음 | 352쪽 | 값 16,000원

 자기혁신과 공동의 성장을 위한
교사들의 필리버스터
윤양수·원종희·장군·조경삼 지음 | 280쪽 | 값 14,000원

 함께 배움 이렇게 시작한다
니시카와 준 지음 | 백경석 옮김 | 196쪽 | 값 12,000원

 함께 배움 교사의 말하기
니시카와 준 지음 | 백경석 옮김 | 188쪽 | 값 12,000원

 미래교육의 열쇠, 창의적 문화교육
심광현·노명우·강정석 지음 | 368쪽 | 값 16,000원

 주제통합수업, 아이들을 수업의 주인공으로!
이윤미 외 지음 | 392쪽 | 값 17,000원

 수업과 교육의 지평을 확장하는 수업 비평
윤양수 지음 | 316쪽 | 값 15,000원
2014 문화체육관광부 우수교양도서

 교사, 선생이 되다
김태은 외 지음 | 260쪽 | 값 13,000원

 교사의 전문성, 어떻게 만들어지나
국제교원노조연맹 보고서 | 김석규 옮김 392쪽 | 값 17,000원

 수업의 정치
윤양수·원종희·장군 지음 | 280쪽 | 값 14,000원

 학교협동조합,
현장체험학습과 마을교육공동체를 잇다
주수원 외 지음 | 296쪽 | 값 15,000원

 거꾸로교실,
잠자는 아이들을 깨우는 수업의 비밀
이민경 지음 | 280쪽 | 값 14,000원

 교사는 무엇으로 사는가
정은균 지음 | 292쪽 | 값 15,000원

 마음의 힘을 기르는 감성수업
조선미 외 지음 | 300쪽 | 값 15,000원

 작은 학교 아이들
지경준 엮음 | 376쪽 | 값 17,000원

 감성 지휘자, 우리 선생님
박종국 지음 | 308쪽 | 값 15,000원

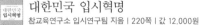 **대한민국 입시혁명**
참교육연구소 입시연구팀 지음 | 220쪽 | 값 12,000원

 **교사를 세우는 교육과정**
박승열 지음 | 312쪽 | 값 15,000원

전국 17명 교육감들과 나눈
교육 대담
최창의 대담·기록 | 272쪽 | 값 15,000원

들뢰즈와 가타리를 통해
유아교육 읽기
리세롯 마리엣 올슨 지음 | 이연선 외 옮김 | 328쪽 | 값 17,000원

교육과정 통합, 어떻게 할 것인가?
성열관 외 지음 | 192쪽 | 값 13,000원

 동양사상에게 인공지능 시대를 묻다
홍승표 외 지음 | 260쪽 | 값 15,000원

 학교 혁신의 길, 아이들에게 묻다
남궁상운 외 지음 | 268쪽 | 값 15,000원

 프레이리의 사상과 실천
사람대사람 지음 | 352쪽 | 값 18,000원

 혁신학교, 한국 교육의 미래를 열다
송순재 외 지음 | 608쪽 | 값 30,000원

 페다고지를 위하여
프레네의 『페다고지 불변요소』 읽기
박찬영 지음 | 296쪽 | 값 15,000원

 노자와 탈현대 문명
홍승표 지음 | 284쪽 | 값 15,000원

 선생님, 민주시민교육이 뭐예요?
염경미 지음 | 244쪽 | 값 15,000원

 학교 민주주의의 불한당들
정은균 지음 | 276쪽 | 값 14,000원

 교육과정, 수업, 평가의 일체화
리사 카터 지음 | 박승열 외 옮김 | 196쪽 | 값 13,000원

 학교를 개선하는 교장
지속가능한 학교 혁신을 위한 실천 전략
마이클 풀란 지음 | 서동연·정효준 옮김 | 216쪽 | 값 13,000원

 공자뎐, 논어는 이것이다
유문상 지음 | 392쪽 | 값 18,000원

 교사와 부모를 위한
발달교육이란 무엇인가?
현광일 지음 | 380쪽 | 값 18,000원

 교사, 이오덕에게 길을 묻다
이무완 지음 | 328쪽 | 값 15,000원

 낙오자 없는 스웨덴 교육
레이프 스트란드베리 지음 | 변광수 옮김 | 208쪽 | 값 13,000원

 끝나지 않은 마지막 수업
장석웅 지음 | 328쪽 | 값 20,000원

▶ **교과서 밖에서 만나는 역사 교실**
상식이 통하는 살아 있는 역사를 만나다

 전봉준과 동학농민혁명
조광환 지음 | 336쪽 | 값 15,000원

 남도의 기억을 걷다
노성태 지음 | 344쪽 | 값 14,000원

 응답하라 한국사 1·2
김은석 지음 | 356쪽·368쪽 | 각권 값 15,000원

 즐거운 국사수업 32강
김남선 지음 | 280쪽 | 값 11,000원

 즐거운 세계사 수업
김은석 지음 | 328쪽 | 값 13,000원

 강화도의 기억을 걷다
최보길 지음 | 276쪽 | 값 14,000원

 광주의 기억을 걷다
노성태 지음 | 348쪽 | 값 15,000원

 교과서 밖에서 배우는 역사 공부
정은교 지음 | 292쪽 | 값 14,000원

 팔만대장경도 모르면 빨래판이다
전병철 지음 | 360쪽 | 값 16,000원

 빨래판도 잘 보면 팔만대장경이다
전병철 지음 | 360쪽 | 값 16,000원

 영화는 역사다
강성률 지음 | 288쪽 | 값 13,000원

 친일 영화의 해부학
강성률 지음 | 264쪽 | 값 15,000원

 한국 고대사의 비밀
김은석 지음 | 304쪽 | 값 13,000원

 조선족 근현대 교육사
정미량 지음 | 320쪽 | 값 15,000원

선생님도 궁금해하는
한국사의 비밀 20가지
김은석 지음 | 312쪽 | 값 15,000원

 걸림돌
키르스텐 세룸-빌펠트 지음 | 문봉애 옮김
248쪽 | 값 13,000원

 역사수업을 부탁해
열 사람의 한 걸음 지음 | 388쪽 | 값 18,000원

 진실과 거짓, 인물 한국사
하성환 지음 | 400쪽 | 값 18,000원

 다시 읽는 조선근대교육의 사상과 운동
윤건차 지음 | 이명실·심성보 옮김 | 516쪽 | 값 25,000원

 음악과 함께 떠나는 세계의 혁명 이야기
조광환 지음 | 292쪽 | 값 15,000원

 논쟁으로 보는 일본 근대교육의 역사
이명실 지음 | 324쪽 | 값 17,000원

▶ **더불어 사는 정의로운 세상을 여는 인문사회과학**
사람의 존엄과 평등의 가치를 배운다

 밥상혁명
강양구·강이현 지음 | 298쪽 | 값 13,800원

 도덕 교과서 무엇이 문제인가?
김대용 지음 | 272쪽 | 값 14,000원

 **자율주의와 진보교육**
조엘 스프링 지음 | 심성보 옮김 | 320쪽 | 값 15,000원

 민주화 이후의 공동체 교육
심성보 지음 | 392쪽 | 값 15,000원
2009 문화체육관광부 우수학술도서

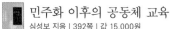 **갈등을 넘어 협력 사회로**
이창언·오수길·유문종·신윤관 지음 | 280쪽 | 값 15,000원

 동양사상과 마음교육
정재걸 외 지음 | 356쪽 | 값 16,000원
2015 세종도서 학술부문

 교과서 밖에서 배우는 철학 공부
정은교 지음 | 280쪽 | 값 14,000원

 교과서 밖에서 배우는 사회 공부
정은교 지음 | 304쪽 | 값 15,000원

 교과서 밖에서 배우는 윤리 공부
정은교 지음 | 292쪽 | 값 15,000원

 한글 혁명
김슬옹 지음 | 388쪽 | 값 18,000원

 좌우지간 인권이다
안경환 지음 | 288쪽 | 값 13,000원

 민주시민교육
심성보 지음 | 544쪽 | 값 25,000원

 민주시민을 위한 도덕교육
심성보 지음 | 500쪽 | 값 25,000원
2015 세종도서 학술부문

 교과서 밖에서 배우는 인문학 공부
정은교 지음 | 280쪽 | 값 13,000원

 오래된 미래교육
정재걸 지음 | 392쪽 | 값 18,000원

 대한민국 의료혁명
전국보건의료산업노동조합 엮음 | 548쪽 | 값 25,000원

 교과서 밖에서 배우는 고전 공부
정은교 지음 | 288쪽 | 값 14,000원

 전체 안의 전체 사고 속의 사고
김우창의 인문학을 읽다
현광일 지음 | 320쪽 | 값 15,000원

 카스트로, 종교를 말하다
피델 카스트로·프레이 베토 대담 | 조세종 옮김
420쪽 | 값 21,000원

 교사와 부모를 위한 비고츠키 교육학
카르포프 지음 | 실천교사번역팀 옮김 | 308쪽 | 값 15,000원